W0357203

SV

Geoffroy de Lagasnerie
Die Kunst der Revolte
Snowden, Assange, Manning

Aus dem Französischen
von Jürgen Schröder

Suhrkamp

Die Originalausgabe erschien unter dem Titel
L'art de la révolte. Snowden, Assange, Manning
© Librairie Arthème Fayard, 2015.

Bibliografische Information der Deutschen Nationalbibliothek
Die Deutsche Nationalbibliothek verzeichnet diese Publikation
in der Deutschen Nationalbibliografie;
detaillierte bibliografische Daten sind im Internet
über http://dnb.d-nb.de abrufbar.

Erste Auflage 2016
© dieser Ausgabe Suhrkamp Verlag Berlin 2016
Alle Rechte vorbehalten, insbesondere das des
öffentlichen Vortrags sowie der Übertragung durch
Rundfunk und Fernsehen, auch einzelner Teile.
Kein Teil des Werkes darf in irgendeiner Form
(durch Fotografie, Mikrofilm oder andere Verfahren)
ohne schriftliche Genehmigung des Verlages reproduziert
oder unter Verwendung elektronischer Systeme
verarbeitet, vervielfältigt oder verbreitet werden.
Satz: Greiner & Reichel, Köln
Druck und Bindung: CPI – Ebner & Spiegel, Ulm
Printed in Germany
ISBN 978-3-518-58687-7

Für D. natürlich

Inhalt

Einleitung

Es geschieht etwas

Nur selten taucht im Bereich der Politik etwas Neues auf. Selbstverständlich meine ich nicht, daß radikale Infragestellungen oder Bewegungen selten zutage treten: Die gesellschaftliche Welt ist zum Glück ein Ort, an dem unablässig neue Gegenstände des Protests, neue Empörungen und daher auch neue Kämpfe entstehen, die dazu beitragen, für jeden von uns den Raum der Freiheit, der Gleichheit und der sozialen Gerechtigkeit zu erweitern.

Aber die Vielzahl und starke Vermehrung der Kampfschauplätze können die Tatsache nicht verbergen, daß die Mobilmachungen im Zeichen von bereits etablierten Traditionen stehen. Sie laufen nach eingefahrenen Mustern ab. Das Vokabular, die Werte, die Ziele, um die es geht, sind häufig weitgehend vorherbestimmt und drängen sich den Akteuren selbst auf. Solide eingerichtete Institutionen strukturieren die Zeit und den Raum des Protests.

Die Politik ist vielleicht paradoxerweise einer der am meisten kodifizierten Bereiche des Gesellschaftslebens. Wir leben und wir konstituieren uns als Subjekte in einem gegebenen Umfeld. Politik zu machen bedeutet, präexistierende Formen aufzunehmen, sich in sedimentierte Rahmen einzufügen, mit ihnen zu handeln, um zu einem bestimmten Zeitpunkt ein konkretes Ziel zu erreichen. Der Streik, die Demonstration, die Petition, die Lobbyarbeit usw. stellen verschiedene institutionalisierte Mittel des Protests dar (was die Sozialwissenschaften im Gefolge von Charles Tilly als »Repertoire kollektiven Handelns«[1] bezeichnen). Selbst die radikalsten Forderungen entgehen diesen Kodifizierungen nicht, die den demokratischen Raum abstecken. Eine politische Handlung gibt sich als solche dadurch zu erkennen, daß sie sich in einen bereits existierenden Rahmen des Protests einfügt; durch das Akzeptieren dieser Repertoire stellt sich das Subjekt als Bürger dar, der an der öffentlichen Deliberation teilnimmt. Sobald ein politischer Kampf sich nicht den vorgeschriebenen Ausdrucksformen beugt, wird er in seiner Art zu etwas Umstrittenem: In diesem Raum der Unentschiedenheit erscheinen beispielsweise Debatten über die »kriminelle«, »terroristische« oder »politische« Natur dieser oder jener Bewegung.

Die verschiedenen Rahmen, die die politische Sphäre regulieren, prägen auch die Gehirne: Sie hinterlassen ihren Abdruck auf unseren Wahrnehmungen der Dinge. Infolgedessen läßt sich die Schwierigkeit, im Bereich der Politik Raum für Neues zu schaffen, auch durch die Tatsache erklären, daß eine singuläre Bewegung höchstwahrscheinlich nicht als solche erkannt wird, nachdem sie einmal aufgetaucht ist. Ihre Besonderheit und ihr beispielloser Charakter liegen quer zu den Kategorien der Wahrnehmung und entgehen daher der Aufmerksamkeit. Eine solche Bewegung ist häufig dazu verurteilt, in ihrer Originalität nicht erkannt und mit Hilfe einer bereits existierenden Sprache beschrieben zu werden, und zwar auch durch ihre Akteure selbst.

Die theoretischen Interpretationen politischer Bewegungen sind durch die Tendenz gekennzeichnet, ein fest-

---

1 Charles Tilly, *La France conteste, de 1600 à nos jours*, Paris, Fayard, 1986.

gelegtes Vokabular zu übernehmen. Die kämpferischen Auseinandersetzungen werden in eine Geschichte, eine Tradition eingeschrieben; ihre Einsätze werden dadurch umgedeutet, damit sie mit einem bereits bestehenden Paradigma übereinstimmen. Die Haltung des Intellektuellen, des Philosophen, aber auch des Historikers führt oft dazu, die Kämpfe zu kolonisieren, ein altes Raster auf sie anzuwenden. Gerade gegen diese Tendenz zur Summierung, zur Verallgemeinerung, zur Universalisierung hat Michel Foucault für uns das Programm einer kritischen Analyse neu formuliert, indem er auf der Notwendigkeit bestand, im Sinne der Singularität, der Besonderheit und daher auch der Zäsur zu denken.

Neuheit

Die These, die ich vorbringen möchte, besagt, daß wir im Umfeld der Figuren von Edward Snowden, Julian Assange und Chelsea Manning *gegenwärtig das Auftauchen von etwas Neuem erleben*. Eine neue Weise des politischen Handelns, des politischen Denkens, der Vorstellung der Formen und Praktiken des Widerstands ist im Begriff, sich abzuzeichnen. Die Auseinandersetzungen, die sich um die Fragen der Staatsgeheimnisse, der Massenüberwachung, des Schutzes der Privatsphäre, der bürgerlichen Freiheiten im Zeitalter des Internets gruppieren, stellen neue Probleme: Für uns müssen sie den Ausgangspunkt einer kritischen Reflexion verkörpern, der Frage nach der Möglichkeit, anders zu denken und anders zu handeln.

Snowden, Assange und Manning können nicht einfach als »Whistleblower« betrachtet werden, deren Vorgehensweise nur im Verbreiten von Informationen bestehen würde. Sie sind viel mehr als das. Sie tun viel mehr als das. Ich schlage vor, sie als Aktivisten anzusehen, als *exemplarische Figuren*, die einer neuen politischen Kunst zur Existenz verhelfen – einer anderen Weise zu verstehen, was es bedeutet, Widerstand zu leisten. In ihren Handlungen, in ihrem Leben selbst gibt es etwas, das man vernehmen muss, dem man Aufmerksamkeit schenken muss, nämlich das Aufkommen eines neuen politischen Subjekts.

Mit anderen Worten, mit Snowden, Assange und Manning erscheinen nicht nur neue politische Gegenstände; nicht nur neue Punkte des Dissenses treten zutage und werden in die Arena der Öffentlichkeit getragen: Es handelt sich um neue Weisen der Subjektivierung. Diese drei Persönlichkeiten stellen nicht nur das in Frage, was sich auf der politischen Bühne abspielt, und die Art und Weise, wie es sich abspielt: *Sie stellen die politische Bühne selbst in Frage.*

Reaktion

Wie könnte man ansonsten auch die Heftigkeit der Reaktion der Staaten ihnen gegenüber erklären, wenn nicht durch die Radikalität der Destabilisierung, die sie betreiben? Ihre Tätigkeiten (aber auch, das ist wichtig festzuhalten, die Tätigkeiten anderer Whistleblower oder anderer Hacker, die weniger bekannt sind) haben eine strafrechtliche Verfolgung seltener Intensität ausgelöst. Die strafrechtliche Reaktion, insbesondere die der USA, hat unerhörte, außergewöhnliche und im Grunde unverständliche Ausmaße angenommen. Dafür, daß sie einfach vertrauliche Dokumente veröffentlicht hat, von denen einige illegale Aktivitäten von Regierungen enthüllten, wurde Chelsea Manning von der amerikanischen Justiz verfolgt. Der Staatsanwalt wollte sie wegen Verrat zu 60 Jahren Gefängnis verurteilt sehen;[2] schließlich wurde sie zu 35 Jahren Gefängnis verurteilt. Vor ihrer Untersuchungshaft war sie 23 von 24 Stunden eingesperrt, ohne Kopfkissen und ohne Decke, und es war ihr verboten, Gymnastik zu machen (sie wurde laufend von einem Aufseher überwacht).[3] In den Vereinigten Staaten wurde die Organisation WikiLeaks von Julian Assange, die sich darauf beschränkt, einen Raum für die Veröffentlichung von Daten anzubieten, in die juristische Kategorie der »Staatsfeinde« eingeordnet (dieselbe, der der australischen Tageszeitung *The Sydney Morning Herald* zufolge auch Al-Qaida oder die Talibanbewegung angehören), so daß Julian Assange und alle, die bei dieser Organisation mitwirken, wegen »Zusammenarbeit mit dem Feind« verurteilt werden, das heißt von Militärgerichten bestraft werden können, und zwar sogar mit der Todesstrafe.[4] Dafür, daß

2 »Er hat die Vereinigten Staaten verraten, und für diesen Verrat verdient er, den größten Teil seines restlichen Lebens in Haft zu verbringen« hat der Staatsanwalt Joe Morrow erklärt. »Bradley Manning's Prosecutors Seek 60-year Term«, http://www.cbc.ca/news/world/bradley-manning-s-prosecutors-seek-60-year-term-1.1378986.

3 Ein bestürzender Artikel von Glenn Greenwald beschreibt die unglaublichen Haftbedingungen von Chelsea Manning. »The Inhumane Conditions of Manning's Detention«, *Salon*, 15. Dezember 2010, http://www.salon.com/2010/12/15/manning-3/.

4 »Julian Assange classé comme ennemi d'État«, http://www.francetvinfo.fr/monde/etats-unis-julian-assange-classe-comme-ennemi-d-etat_146673.html.

er die Öffentlichkeit über (häufig illegale) Programme der amerikanischen National Security Agency (NSA) zur Massenüberwachung von Bürgern auf der ganzen Welt und bestimmter Staatschefs und Diplomaten alarmiert hat, wurde Edward Snowden der Spionage beschuldigt und läuft ebenfalls Gefahr, den Militärgerichten ausgeliefert und dann bis zum Ende seines Lebens eingesperrt zu werden; die Vereinigten Staaten bieten beträchtliche diplomatische Energie auf, um zu verhindern, daß er ihrer Strafverfolgung dadurch entkommt, daß er in einem anderen Land Asyl erhält.

Sei es in der verwendeten Rhetorik (»Feiglinge«, »Feinde«, »Spione«, »Verräter« usw.), den Anschuldigungen (»Verrat«, »Hilfe für den Feind«), den verlangten und/oder verhängten Strafen sowie den auferlegten Haftbedingungen, wir haben es hier mit einer wahrhaften Inszenierung des staatlichen Repressionsapparats in seiner ganzen Brutalität und Unnachgiebigkeit zu tun. Diese strafrechtliche Gewalt und diese unverhältnismäßige Reaktion stellen eine bedeutende Tatsache dar. Und das sollte uns dazu führen, Fragen bezüglich der Funktion der zeitgenössischen politischen und rechtlichen Ordnung zu stellen. Die Repression ist nicht deshalb heftig, weil die »Verbrechen« schwerwiegend sind: Sie ist deswegen so massiv, weil diejenigen, die man als »Whistleblower« bezeichnet, die Ordnung des Rechts und der Politik, das heißt des staatlichen Rahmens, zutiefst destabilisieren. (Im Grunde könnte man diese Situation mit der Art und Weise vergleichen, wie die Staaten auf das allmähliche Wegbröckeln der innerstaatlichen Ordnung und der territorialen Souveränität reagieren, indem sie an ihren Grenzen ostentativ gewaltige Mauern errichten.)[5] Diese Destabilisierung, ihre Gründe und Form sollen hier untersucht werden, um zugleich ihren Sinn und ihre Tragweite zu erfassen.

Würdigung

Dieses Buch möchte als eine Würdigung der Taten und des Lebens von Edward Snowden, Julian Assange und Chelsea Manning gelesen werden. Sein Ausgangspunkt liegt nicht im Bereich der Theorie oder der Politik; er liegt in einer Art von Bewunderung ihrer Vorgehensweise sowie in einem Gefühl der Empörung und auch des Zorns gegen die Repression, die über sie hereingebrochen ist und auch weiterhin über sie hereinbricht.

Die Frage, die sich notwendigerweise stellt, wenn man aus diesen Gründen anfängt zu schreiben, bezieht sich darauf, welchen Ort man diesem Zorn und dieser Bewunderung einräumen und welchen Gebrauch man davon machen soll. Was heißt es, ein Buch zu schreiben, das seine Quelle aus der Empörung schöpft? Und vor allem: Wie stellt man es an, nicht im Register des Gefühls eingeschlossen zu bleiben? Wie läßt sich vermeiden, daß sein Text nur einen Ausdruck von spontanen Gefühlen darstellt, der die Ordnung der Wahrnehmungen stabilisiert, wie es so häufig bei Werken der Fall ist, die sich als »politisch« oder als Interventionen präsentieren?

Für mich hat die Würdigung der Vorgehensweise von Snowden, Assange und Manning bedeutet, mich nicht

---

5 Wendy Brown, *Murs. Les murs de séparation et le déclin de la souveraineté nationale*, Paris, Les Prairies ordinaires, 2009.

in eine Position des Fürsprechers ihrer Vorstellungen zu begeben. Hätte ich erneut die Vorstellungen formuliert, die sie selbst zu ihrer Geschichte oder ihren Motiven vorschlagen, hätte mich das dazu geführt, mich ihrer Denkweise zu unterwerfen, das heißt auf das zu verzichten, was der theoretischen Reflexion Sinn verleiht: ihre Fähigkeit, unsere Sicht- und Denkweisen umzugestalten. Ich habe mich also eher bemüht, mich von der Energie Snowdens, Assanges und Mannings und ihrer Unnachgiebigkeit anregen zu lassen; ich habe sie gewissermaßen als Vorbilder genommen, um auf der theoretischen Ebene ebenso radikal zu sein, wie sie es auf der politischen sind. Als Intellektueller Snowden, Assange und Manning treu zu sein bedeutet den Versuch, eine Theorie vorzuschlagen, die sich in intellektueller Hinsicht auf der Höhe ihres eigenen Einsatzes befindet.

Deshalb wird das, was ich schreibe, nicht zwangsläufig mit dem vereinbar sein, was sie von ihrer Seite aus schreiben könnten, oder mit dem, was sie schon geschrieben haben. Von meinem Projekt könnte man sagen, daß es strukturell oder objektivistisch inspiriert ist. Meine Absicht ist, von Snowden, Assange und Manning und den Auseinandersetzungen auszugehen, die um sie herum stattfinden, um zu versuchen, eine innere und immanente Positivität dieser Handlungsbereiche freizulegen, die sich entfaltet, ohne daß diejenigen, die daran beteiligt sind, darum wissen. Zweifelsohne sind Snowden, Assange und Manning (aber neben ihnen und den Hackern auch das Kollektiv von Anonymous usw.) verschieden und haben unterschiedliche Vorstellungen von der Bedeutung ihrer Handlungen. Hinter der scheinbaren Streuung der Akteure und der Absichten gibt es jedoch den Zusammenhang eines Ganzen. Diesen Zusammenhang möchte ich rekonstruieren – in etwa nach dem Vorbild der Methode, die Michel Foucault in *Die Ordnung der Dinge* ausgearbeitet hat, als er sich vornahm zu zeigen, wie es möglich ist, an drei verstreuten Orten des Bereichs der Erkenntnis (bei den drei Gegenwissenschaften der Ethnologie, der Linguistik und der Psychoanalyse) ein und dieselbe objektive Bewegung (der Auflösung des Menschen) am Werk zu sehen, die das Erscheinen einer neuen *episteme* ankündigt, deren Eigenart jeder dieser Wissenschaften für sich genommen entgeht, sowie den Wissenschaftlern, die sie betreiben.[6]

Snowden, Assange und Manning sind die Protagonisten eines Augenblicks, der die Fundamente, auf denen wir stehen, erschüttert, die Dispositive, die unsere Gegenwart bestimmen. Infolgedessen gestatten sie uns zugleich, etwas Neues zu denken und unsere traditionellen Denkweisen in Frage zu stellen. Ihre Existenz fordert uns auf, uns andere Möglichkeiten vorzustellen, wie wir uns zum Gesetz, zur Nation, zur Staatsbürgerschaft usw. verhalten können. Im Ausgang von ihnen schlage ich vor, die wichtigsten zeitgenössischen Analysen der Macht und der Souveränität zu prüfen und eine Reihe von Problemen mit Bezug auf den Gehorsam, das Verhältnis der Bürger zum Staat, zur Nation, zum Recht und zur Demokratie usw. aufzuwerfen. Dieses Buch möchte eine Untersuchung unseres politischen Unbewußten, der überkommenen Modi der Selbstkonstitution politischer Subjekte und der Gren-

6 Didier Eribon, *Michel Foucault*, Paris, Flammarion, 2011, S. 270-272; dt.: *Michel Foucault: eine Biographie*, übers. v. H.-H. Henschen, Frankfurt/M., Suhrkamp, 1991, S. 245 ff.

zen dieser Subjektivierung vorschlagen, um das praktische Handeln, die Mittel und Formen des Engagements, des Widerstands und des Aufruhrs anders zu fassen.

Orte

Ich bin mir dessen wohl bewußt, daß es andere Bewegungen und andere Mobilisierungen sind, die andere zeitgenössische Theoretiker als Orte der Erneuerung der Politik wahrgenommen haben. Bei Autoren wie Judith Butler, Noam Chomsky, Angela Davis, Gayatri Spivak oder auch David Graeber wird den großen Protestbewegungen und Volksversammlungen ein Privileg zugestanden: Die Bewegung Occupy Wall Street oder die der Indignados, der Arabische Frühling, insbesondere in Tunesien und Ägypten, die ausgedehnten Proteste in der Türkei …

Der Zuccotti-Park in New York, der Tahrir-Platz in Kairo, der Taksim-Platz in Istanbul werden als die symbolischen Räume aufgefaßt, wo sich die Mobilisierungen abzuspielen scheinen, mit denen wir uns beschäftigen müssen, wenn wir eine Analyse der Frage nach der Demokratie, des Kapitalismus und der Ungleichheiten, der Globalisierung, der sozialen Gerechtigkeit usw. neu begründen wollen.

Natürlich leugne ich die Bedeutung dieser Bewegungen und Zusammenschlüsse keineswegs. Das hätte weder einen Sinn, noch wäre es interessant. Und ich glaube auch ganz bestimmt, daß jedes Denken sich mit dem auseinandersetzen muß, was sie verkörpert haben. Aber ich möchte hier trotzdem die Idee vorschlagen, daß es ebensoviel Erneuerung, Originalität und ebensoviel Politik in den verstreuten Handlungen von Snowden, Assange und Manning sowie von weiteren Hackern und Whistleblowern gibt. (Man wird sich übrigens die Frage stellen können, welche implizite Vorstellung von Politik und Widerstand wir übernehmen, wenn wir spontan den großen Mobilisierungen auf einem öffentlichen Platz mehr »Wert« zugestehen als der einsamen Handlung eines Hakkers.) Diese Personen waren und sind verstreut. Sie handeln nicht konzertiert, sondern isoliert. Dennoch stellt das virtuelle Kollektiv, das sie verkörpern, einen der wesentlichen Orte für die Reformulierung der zeitgenössischen Politik und für die Neufassung der Forderung nach Demokratie dar.

Dieses Buch könnte als der Ort gelten, der sie aufnimmt und sie versammelt. Und durch die Wirkung, die diese Versammlung erzielt, möchte es dazu beitragen, unsere theoretische Sprache in Frage zu stellen, um unser Verständnis dessen zu erweitern, was eine demokratische Politik bedeuten könnte.

I
Bestandsaufnahmen

1
Demokratie, Privatsphäre und bürgerliche Freiheiten

Wenn man sich das Handeln von Snowden, Assange und Manning (und die Mobilisierungen, die um diese Handlungen herum entstanden) als Untersuchungsgegenstand vornimmt, steht man einer wohletablierten theoretischen und politischen Bühne gegenüber. Die Namen dieser drei Personen sind nämlich mit einer Auseinandersetzung verbunden, die sich seit mehreren Jahren im internationalen Maßstab abspielt: die Verteidigung bürgerlicher Freiheiten und der Prinzipien des Rechtsstaats gegen die Tendenz der Regierungen, deren Struktur im Zeitalter des Kriegs gegen den Terrorismus zu zerschlagen. Zu verstehen, was heute geschieht, und die dafür vorgeschlagenen Interpretationen zu erfassen erfordert zunächst, das Ausmaß der Einsätze zu erkennen, die Snowden, Assange und Manning ins Spiel gebracht haben – und deren Tragweite und Radikalität, wie mir scheint, nur selten erfaßt wurde: das Problem der Überwachung, der Privatsphäre und ihres Schutzes einerseits, und das der Staatsgeheimnisse und der Logik des Staats in ihrem Verhältnis zu den Erfordernissen der Demokratie andererseits. Denn anschließend wird es mir darum gehen, unseren Blick zu verlagern, um eine andere Sichtweise dessen vorzuschlagen, was in diesem Raum der Auseinandersetzungen auf dem Spiel steht.

Freiheiten, Privatsphäre und Überwachung

Die Enthüllungen von Edward Snowden haben das Thema der Privatsphäre und allgemeiner das Problem der Beziehungen zwischen Staat, Rechten und individuellen Freiheiten ins Zentrum der Bühne gerückt. Von Juni 2013 an macht Snowden die Tätigkeiten des amerikanischen nationalen Sicherheitsdienstes und anderer Zweige von Nachrichtendiensten öffentlich. Die Dokumente stellen die Art und Weise dar, wie die Vereinigten Staaten im Zusammenhang des Kriegs gegen den Terrorismus ein System zur massenhaften Erfassung von Daten eingerichtet haben, das sich auf die Gesamtheit der amerikanischen Bürger erstreckt und unter Verletzung des Schutzes durch die Verfassung angewendet wird. Sie zeigen auch, daß die Vereinigten Staaten beispielsweise Mitteilungen von ausländischen Diplomaten oder Führungskräften abfangen, einschließlich solcher, die von ihren eigenen Verbündeten stammen.

Edward Snowdens Enthüllungen haben eine tiefe Beunruhigung ausgelöst. Sie heben deutlich die Tatsache hervor, daß wir in den zeitgenössischen Demokratien einen Prozeß der Schwächung beziehungsweise gar der Abschaffung des Schutzes des individuellen Raums erleben. Der Staat errichtet immer mehr Überwachungssysteme und Mechanismen zur Datensammlung, die im internationalen Maßstab betrieben werden und nicht nur diejenigen Personen betreffen, die im Verdacht stehen, in kriminelle oder terroristische Unternehmungen verstrickt zu sein, sondern *jedermann*. Auf der ganzen Erde untersteht jeder dem Auge der Macht, und seine E-Mails, seine Aufrufe, sein Austausch in den sozialen Netzwerken werden möglicherweise oder bereits tatsächlich von den Nachrichtendiensten, der Polizei usw. archiviert, gesammelt und überprüft.

Die Informationen, die dank Snowden veröffentlicht wurden, zeigen, wie bestimmte Errungenschaften des politischen Liberalismus des 19. Jahrhunderts allmählich in Frage gestellt werden. Eine der Großtaten des Liberalismus besteht nämlich darin, daß es ihm gelungen ist, einen Staat zu erfinden, der sich selbst beschränkt, der über die Fähigkeit der Selbstbeschränkung im Namen der Einrichtung einer Reihe von Gesetzen verfügt: Die Vorstellungen der »Privatsphäre«, des »Heims«, der »Intimsphäre« stellen juristische und theoretische Dispositive dar, deren Funktion es gewesen ist, die Bildung von Sphären des gesellschaftlichen Lebens zu gewährleisten, von denen der Staat ausgeschlossen ist, von denen er sich selbst ausschließt – oder genauer von Sphären, in die der Staat nur unter begrenzten und juristisch streng geregelten Bedingungen eindringen kann.

Heutzutage entsteht jedoch eine neue politische Rationalität, die insbesondere durch die Tatsache gekennzeichnet ist, daß der Staat diese Einschränkungen nicht mehr akzeptiert. Er dehnt den Bereich seines Eingreifens aus und zerstört die Systeme und Garantien, die bislang ein Hindernis für seine zudringliche Logik waren. Die Bedrohungen durch Terroristen, die über der Bevölkerung schweben, werden bemüht, um ein ständiges Recht der Überwachung und des Eingreifens im Hinblick auf die Handlungen von Einzelpersonen zu rechtfertigen. Die Staaten, und insbesondere die Vereinigten Staaten, sind der Ansicht, daß ihnen alles gehört, daß ihnen nichts fremd sein darf. Darauf bezieht sich Glenn Greenwald, der Journalist des *Guardian*, der die Dokumente von Edward Snowden über die Tätigkeiten des NSA veröffentlicht hat, im Titel seines Buchs: *Die globale Überwachung*. Die Überwachungstechniken, die sich im Zeitalter des Internets entwickeln, würden schließlich darauf hinauslaufen, daß es keinen Raum außerhalb des Staats mehr gibt und daß die Vorstellung einer »Privatsphäre« im Begriff ist, aus der Mode zu kommen und sich aufzulösen.

Edward Snowden trifft diese Feststellung in einem Brief, den er an Journalisten adressiert und in dem er sich bemüht, sein Vorgehen zu erläutern: »Mein einziges Motiv liegt darin, die Öffentlichkeit darüber zu informieren, was in ihrem Namen getan wird und gegen sie eingesetzt wird. Die amerikanische Regierung hat in einer Verschwörung mit ihren Satellitenstaaten, insbesondere mit den Five Eyes – Großbritannien, Kanada, Australien und Neuseeland – der Welt ein System geheimer, alles durchdringender Überwachung aufgezwungen, *vor dem es kein Entrinnen gibt*. Sie schützen ihre inländischen Systeme, indem sie den Bürgern durch Geheimhaltung und Lügen jeglichen Einblick verwehren, und wappnen sich gegen öffentliche Empörung infolge eventueller Datenlecks, indem sie in übertriebener Weise geltend machen, sie könnten den von ihnen Beherrschten anderenfalls nur noch einen eingeschränkten Schutz bieten.«[1]

Indem er die Öffentlichkeit über die Tatsache alarmieren wollte, daß wir in einer Welt leben, in der eine »all-

---

1 Zitiert von Glenn Greenwald, *Die globale Überwachung*, übers. v. G. Gockel, R. Weiß, Th. Wollermann und M. Zybak, München, Droemer, 2014, S. 41.

gegenwärtige« und »allwissende« Massenüberwachung eingerichtet wird,[2] hat Snowden mit seiner Intervention eine klassische politische Frage reaktualisiert: die Frage nach der Fähigkeit der Bürger, Räume zu schaffen, die sich dem Staat, seiner Kontrolle und seinem Blick entziehen. Insgesamt geht es darum, wie sich die Vorstellung der »Privatsphäre« zu neuem Leben erwecken läßt. Wie lassen sich im Zeitalter des Internets dem Staat erneut Grenzen setzen? Wie lassen sich die Dispositive des Schutzes individueller Freiheiten neu denken? Wie kann man der hegemonialen Neigung der Staaten und dem Recht, das sie sich herausnehmen, alles über das Leben ihrer Bürger in Erfahrung zu bringen und ohne rechtmäßigen Grund in ihre Intimsphäre einzudringen, Widerstand leisten?

Eines der Ziele der Gruppen, die sich in diesen Raum von Auseinandersetzungen einschalten, insbesondere von WikiLeaks, der Vereinigung, deren Wortführer Julian Assange ist, aber beispielsweise auch von Anonymous, besteht darin, die Bürger über die Techniken der Datenverschlüsselung zu informieren, um die Fähigkeiten einer jeden Person zu entwickeln, ihre Mitteilungen und ihre Identität im Internet zu verschleiern und dadurch der Überwachung zu entgehen. Es geht darum, den Zugang zur Technologie zu demokratisieren, damit die Einzelpersonen aus eigener Kraft eine autonome Sphäre wiederherstellen können, zu der der Staat keinen Zugang hat: Da das Recht keinen Schutz vor Eingriffen des Staats mehr darstellt, fällt es den Bürgern zu, die existierenden technischen Mittel zu diesem Zweck zu nutzen. Interessant ist

2 Das sind die Worte Snowdens. Vgl. Antoine Lefébure, *L'Affaire Snowden*, Paris, La Découverte, 2014, S. 30.

hier, daß die Kritik an der Verwendung von Technologien durch die Staaten und Nachrichtendienste nicht in einer Kritik am Internet mündet, sondern im Gegenteil in einer radikaleren Nutzung seiner Möglichkeiten. Der Wille zur Wiederherstellung einer »Intimsphäre«, einer Sphäre des »Privatlebens« gegen die Zudringlichkeit des Staats, führt nicht zu einem antitechnologischen Diskurs; er erzeugt keine reaktionäre Tendenz des Rückschritts, des Rückzugs aus der Welt der Technik; im Gegenteil, er gebiert einen Diskurs und eine Praxis, die an noch mehr Technik, noch mehr Beherrschung der Technik appellieren. (Ich werde weiter unten zeigen, inwiefern diese Problematik der Anonymität einen sehr bedeutenden Ort der politischen Intervention darstellt.)

Die Erfordernisse der Demokratie und die Logik des Staats

Die Verteidigung der bürgerlichen Freiheiten beschränkt sich nicht auf Fragen nach der Privatsphäre und nach der Fähigkeit zur Schaffung von Sphären, von denen der Blick des Staats ausgeschlossen ist. Die Kämpfe von Snowden, Assange und Manning spielen sich parallel dazu an einer anderen Front ab: der Front der Beziehungen und im Grunde des möglichen Widerspruchs zwischen der Logik des Staats und den Erfordernissen der Demokratie. Hier ist nicht Snowden die zentrale Person. Vielmehr sind es die Enthüllungen von Chelsea Manning und das Handeln von Julian Assange, die eine wesentliche Rolle spielen.

Das Vorgehen von Assange, von Manning und von WikiLeaks stellt nämlich eine Konfrontation mit einer Vorstellung dar, die letztlich recht selten in Frage gestellt wird, die Vorstellung von »Staatsgeheimnissen«. Die Herausforderung besteht darin, die Ansicht durchzusetzen, daß die Existenz einer Geheimsphäre innerhalb der Staaten problematisch ist. Manning und Assange haben die Frage nach dem gestellt, was man als die Blackbox der Staaten bezeichnen könnte. Sie haben sich geweigert, die Vorstellung als selbstverständlich zu akzeptieren, daß es legitim sei, daß in einem Staat nicht alles transparent ist, das heißt, daß eine verborgene Sphäre existiert, in der Informationen zirkulieren und Entscheidungen getroffen werden, ohne daß die Bürger je davon Kenntnis erhielten. Insbesondere handelt es sich, wie man sieht, um die Frage der Diplomatie, der Geheimdienste, der militärischen oder industriellen Strategie, des Krieges, die hier unmittelbar gestellt wird.

Die Bedeutung (und Größe) von WikiLeaks liegt in der Radikalität der politischen und theoretischen Ausrichtung, in der Art und Weise, das Problem der Beziehungen zwischen Geheimnis, Recht auf Wissen und demokratischer Transparenz anzugehen. Die Analyse von Julian Assange beruht zunächst auf der Idee, daß die Kategorie des »Geheimen« und folglich auch das Recht, das die Staaten sich anmaßen, Informationen dem öffentlichen Umlauf zu entziehen, ein Dispositiv darstellt, das es ermöglicht, kriminelle Handlungen zu vertuschen, die von staatlichen Diensten begangen werden, oder illegale Akte von Privatakteuren, um die der Staat weiß, aber im Hinblick auf welche er es für vorteilhafter hält, daß sie der Kenntnis aller nicht offengelegt und übermittelt werden. Diese Informationen »durchsickern« zu lassen stellt ein Erfordernis der Demokratie in einem Rechtsstaat dar, der sich auf das Prinzip der Gleichheit vor der Justiz beruft. So erklärt Julian Assange in einem Gespräch: »In Zukunft muß man sich den Staat als eine Art von Kasten vorstellen, in den Informationen hineingehen und aus dem andere herauskommen. Im Innern des Kastens werden bestimmte Informationen sorgfältig verborgen; es ist wahrscheinlich, daß diese mit Machtmißbrauch, Ungerechtigkeiten, Korruptionsaffären zu tun haben. Daher müssen die Bürger wissen, was in dem Kasten ist, wenn sie gegenüber ihren Staaten eine demokratische Kontrolle ausüben wollen. Mit anderen Worten, in einer Demokratie müßte der Kasten des Staats so gut wie transparent sein.«[3]

Assanges Analyse ist wichtig und innovativ, weil sie sich nicht auf eine Reflexion über die illegalen Handlungen des Staats und die Notwendigkeit beschränkt, die verborgenen Schwächen der Verwaltung zu enthüllen. Sie ist radikaler – und in diesem Sinne auch schöner –, weil sie sich auf *die Vorstellung des Staatsgeheimnisses selbst* bezieht.

Es gibt nämlich eine spontane Neigung der Staaten, selbst der demokratischen, in ihrer Mitte eine nichtdemokratische, nichtöffentliche, weder kontrollierte noch kontrollierbare Sphäre einzurichten. Die Staatsmänner, und oft auch die Bürger, sind von der Notwendigkeit dieser Maßnahme überzeugt, vom zwingenden Charakter der Existenz von Bereichen des Handelns, der Verhandlung, der Entscheidung, in denen das Geheimnis und ein Prinzip der Nicht-Öffentlichkeit regieren: die Staatsräson, die Diplomatie, der Kuhhandel würden Diskretion erfordern; die Entscheidungen über das Eingreifen der Geheimdienste oder militärische Strategien könnten ihrem Wesen

---

3 Julian Assange, »Internet est devenu le système nerveux de nos sociétés«, *Philosophie Magazine*, Juni 2013.

nach ebenfalls nicht der Öffentlichkeit offengelegt werden usw.

Diese Überzeugung, die im Habitus der Männer und Frauen des Staatsapparats sehr fest verankert ist, will Julian Assange auflösen, und diese nichtdemokratische Sphäre demokratischer Staaten versucht er ganz aktiv zu zerstören. Sein Handeln fordert folglich zu einer Neudefinition des Begriffs des Staats, der Vorstellung der Beziehungen zwischen Bürgern und Verwaltung sowie der Funktionsweise der internationalen Beziehungen und der Beziehungen zwischen den Staaten heraus.

Für Assange stellt der Begriff des »Staatsgeheimnisses« zunächst einmal ein Täuschungsmanöver dar. Er dient dazu, glauben zu machen, daß bestimmte Informationen niemandem zugänglich seien. Aber jede Geheiminformation zirkuliert, wird mitgeteilt – so daß das, was man ein »Geheimnis« nennt, tatsächlich eine öffentliche Information darstellt, deren Publikum jedoch durch institutionelle, staatliche oder willkürliche Grenzen beschränkt ist (wechselseitige Bekanntschaft, Klatsch usw.). Ein Staatsgeheimnis ist eine öffentliche Information, die jedoch verborgen wird, eine Information, die innerhalb einer beschränkten Gruppe öffentlich ist, zugleich aber gegenüber anderen verborgen wird. Dieser Begriff dient daher in erster Linie dazu, *Grenzen bezüglich der Legitimität des Zugangs zu Informationen zu setzen.*[4]

Diese Gestaltung des eingeschränkten Umlaufs von Informationen wirkt wie eine Enteignungsmaßnahme. Sie

---

4 Julian Assange mit Jacob Appelbaum, Andy Müller-Maguhn und Jéremie Zimmermann, *Menace sur nos libertés*, Paris, Robert Laffont 2012.

schafft ein Ungleichgewicht zwischen den Regierenden und den Regierten und begründet eine Autonomie der staatlichen Logik gegenüber der Öffentlichkeit, die mit der Idee der Demokratie prinzipiell unvereinbar ist. Der Staatsapparat besitzt eine Kenntnis, die der Öffentlichkeit wesentlich abgeht oder besser: der Staat bewerkstelligt die Unwissenheit der Öffentlichkeit bezüglich dieser Kenntnis. Auf diese Weise entziehen sich die Grundlagen und Motive politischer Entscheidungen der demokratischen Kontrolle. Die Privatisierung der Information beraubt die Regierten der Fähigkeit, die Regierenden zu kontrollieren. Sie fungiert wie ein Prinzip der Unterwerfung – das das Volk im Zustand der Unmündigkeit und Fremdbestimmung festhält.

Es ist zweifellos schwer, sich vorzustellen, welche Form ein vollkommen transparenter Staat annehmen könnte – ohne Geheimnis, ohne Blackbox, ohne Verbergung usw. Unsere Gewohnheit, Staat und Geheimnisse miteinander zu assoziieren, ist so stark, daß die Transparenz der politischen und der Entscheidungssphäre uns als nicht realisierbar erscheint. Dennoch könnte man umgekehrt die völlige Transparenz als eine *selbstverständliche* Bedingung für jede demokratische Regierung ansehen. Es ist übrigens eine seltsame Sache, die der Reflexion bedarf, daß wir so leicht akzeptieren, daß die Begründung einer demokratischen Regierung trotz allem die Unterhaltung einer nichtdemokratischen Sphäre erfordert – als ob das Versprechen der Demokratie zwangsläufig unvollständig realisiert bleiben und unterdrückt und behindert werden müsse.

WikiLeaks lehnt sich gegen die Voraussetzung auf, der zufolge ein demokratischer Staat nichtdemokratische Bereiche, die außerhalb des Rechts stehen und in denen die Willkür herrscht, akzeptieren sollte. Die Vereinigung, die 2006 gegründet wurde und die sich den Wahlspruch »Privatsphäre für die Schwachen, Transparenz für die Mächtigen« auf die Fahnen geschrieben hat, will auf diese Weise einen gesicherten Rahmen anbieten, innerhalb dessen die Bürger Informationen ablegen können, das heißt der Öffentlichkeit mitteilen, was gewöhnlich verborgen ist. WikiLeaks garantiert die Anonymität seiner Mitarbeiter und will eine Schnittstelle zwischen Whistleblowern, Journalisten und der Öffentlichkeit schaffen.[5] Es geht darum, zur Transparenz der Staaten beizutragen, indem Informationslecks unterstützt werden. Es ist übrigens interessant festzustellen, daß man bei manchen Theoretikern oder Aktivisten dieser Bewegung die Ansicht findet, daß die bloße Existenz von WikiLeaks wie eine Einrichtung zur Moralisierung der Staaten wirkt (sie nehmen also die von Foucault vorgeschlagene, kritische Beschreibung des Panoptismus als System, das die Körper und Seelen derer diszipliniert, die potentiell seinem Blick und seiner Überwachung unterworfen sind, wieder auf und wandeln sie um).

Die Informationslecks mit dem größten Nachhall, die von WikiLeaks verbreitet wurden, bezogen sich zugleich auf Staatsgeheimnisse und kriminelle Tätigkeiten der Behörden. Sie fanden 2010-2011 statt und wurden durch das Handeln von Chelsea Manning ermöglicht. Chelsea Manning war Militäranalytikerin. Sie wurde bekannt durch die Weiterleitung von Geheimdokumenten an WikiLeaks. Ihre Enthüllungen, die einen beträchtlichen Umfang hat-

---

5 Julian Assange et al., *Menace sur nos libertés*, S. 21.

ten, brachten Akte ans Licht, die von der amerikanischen Armee verübt wurden. Das berühmteste Informationsleck ist das Video »Collateral Murder«, das den Luftangriff vom 12. Juli 2007 auf Bagdad zeigt, bei dem ein amerikanischer Hubschrauber das Feuer auf eine Gruppe von Zivilisten eröffnet hat, unter der sich namentlich zwei Reporter der Agentur Reuters befanden. Mindestens 18 Menschen wurden getötet. Manning ist auch die Quelle für die Verbreitung von »amerikanischen diplomatischen Telegrammen« in der Weltpresse, welche einen gewaltigen Teil der Tätigkeit amerikanischer Diplomatie öffentlich gemacht hat. Seit 2010 wurden mehr als 200 000 Telegramme von WikiLeaks nach und nach veröffentlicht und von allen Medien aufgenommen, was die Kenntnisnahme dieser untergründigen Tätigkeit der Staaten ermöglichte, die man als Diplomatie oder als internationale Beziehungen bezeichnet: verborgene Verhandlungen, Kämpfe um Einfluß, Gerüchte, wechselseitige Lügen, Informationen, die selbst den Verbündeten vorenthalten wurden, usw.

Die Radikalisierung der Erfordernisse der Demokratie

Ob die Enthüllungen sich auf die illegalen Tätigkeiten staatlicher Dienste beziehen oder legale, aber geheime Tätigkeiten betreffen – es geht, wie man sieht, darum, das Internet und die Technik der Informationslecks für die Radikalisierung der Erfordernisse der Demokratie zu nutzen: Das Recht soll überall gelten, für die Regierenden wie für die Regierten; die Kontrolle der Bürger mit Bezug auf ihre Regierung soll in vollem Umfang ausgeübt werden.

Infolgedessen wäre die Vorstellung, daß der Staat über die Legitimität verfügt, Entscheidungen zu treffen und im Verborgenen zu handeln, zutiefst antidemokratisch und potentiell autoritär. Snowden hat diese Überzeugung im Hinblick auf Spionageprogramme, deren Existenz er enthüllt hat, zum Ausdruck gebracht: »Die Unterhaltung von Geheimprogrammen stellt eine größere Gefahr als ihre Enthüllung dar. Dieser Typ von Spionageprogrammen, der im Verborgenen und außerhalb der Kontrolle der Öffentlichkeit eingerichtet wurde, hat keine Legitimität, und darin besteht das Problem. Es handelt sich um eine gefährliche Normalisierung eines Führungsmodus ›im Verborgenen‹, wo Entscheidungen, die gewaltige Folgen für die Öffentlichkeit haben, ohne die Mitwirkung der Öffentlichkeit getroffen werden.«[6]

Bevor wir fortfahren, könnte man hervorheben, daß die heftige Feindseligkeit der Staaten und die nahezu hysterische Reaktion der Regierenden auf WikiLeaks sich in vielen Hinsichten durch die narzisstische Kränkung erklären lassen, die diese Organisation den Staatsmännern und -frauen zufügt. Wir können wohl nicht ermessen, welche Befriedigung für letztere aus der Tatsache hervorgeht, Zugang zu Informationen zu haben, derer die Öffentlichkeit, die auf diese Weise zu einer unwissenden Masse wird, beraubt ist: Es ist ein Bild von sich selbst als privilegierten, klarsichtigen Personen mit Zugang zu seltenen Dingen, von denen gewöhnliche Bürger ausgeschlossen sind, das dem Selbstverhältnis jener Gestalt verleiht, die dem Staatsapparat angehören. Das ist eine der stärksten symbolischen Vergütungen, die der Staat denen verschafft, die

6 Zitiert von Antoine Léfebure, *L'Affaire Snowden*, S. 55.

ihm dienen. Nun folgt jedoch aus dem Handeln von WikiLeaks die Zerstörung dieses Klassenprivilegs. Die ganze Doktrin dieser Website zielt darauf ab, die Vertreter des Staats dessen zu enteignen, was vielleicht in gesellschaftlicher Hinsicht für sie am kostbarsten ist: die Fähigkeit, die anderen als unwissend anzusehen. Daher ist es in ihren Augen ein unerträglicher Angriff, der hier vollzogen wird, woraus sich die Heftigkeit ihrer Reaktionen ergibt. Im Grunde unterscheidet sich das nicht so sehr von der Reaktion des Bürgertums auf politische Maßnahmen, die den Zugang der Volksschichten zu Museen und Konzerten klassischer Musik ermuntern, das heißt zu Räumen, die ihnen zuvor symbolisch vorbehalten waren. Des Monopols auf den Zugang zu seltenen Gütern enteignet zu werden stellt eines der Phänomene des Gesellschaftslebens dar, die die heftigsten Gefühle auslösen.

Die Abschaffung jeglicher Dunkelheit innerhalb des Staats; die Regierung, ihre Funktionsweise, die Grundlagen ihrer Entscheidungen transparent zu machen, der Vorstellung von Staatsgeheimnissen ein Ende zu setzen: das sind die Achsen der neuen Kämpfe, die in der zeitgenössischen Sphäre, im Gefolge der Tätigkeiten von Snowden, Assange und Manning zu Tage treten.

Natürlich gibt es Nuancen, Unterschiede, vielleicht gar Gegensätze zwischen Snowden, Assange und Manning und im weiteren Sinne auch zwischen allen Akteuren in diesem Raum der Reflexion und militanten Aktionen. Beispielsweise geben Snowdens Erklärungen manchmal Anlaß zu der Vermutung, daß für ihn das wesentliche Problem in der Tatsache besteht, daß die Überwachungsprogramme ohne die Kontrolle der Öffentlichkeit eingerichtet wurden, wo doch die Entscheidung den Bürgern hätte zufallen sollen, wohingegen Julian Assange auf radikalere Weise die *Legitimität* dieser Programme selbst in Frage stellt.

Aber was auch die Divergenzen sein mögen, so bleibt doch die Möglichkeit bestehen, einen gemeinsamen Leitfaden dieser Kämpfe herauszulösen. Im Zeitalter des Internets handelt es sich um eine Reaktualisierung der Erfordernisse der Demokratie und vielleicht sogar um eine Radikalisierung derselben. Snowden, Assange und Manning reaktivieren die politischen und juristischen Kämpfe, die sich seit dem 19. Jahrhundert gegen die Willkür des Staats vollziehen. Die Auseinandersetzung um die Privatsphäre und die Überwachung, um die illegalen Akte, die von den Behörden verübt werden, um die Staatsgeheimnisse, wird durch eine demokratische Ambition genährt. Es geht darum, Schutzmaßnahmen für die Sphäre des Individuums gegen das Eindringen der Staaten wiederzuerlangen und andererseits die Kontrolle der Regierten über die Regierenden auszuweiten, indem man die Tatsache ablehnt, daß das Feld der Politik immer mehr im Geheimen arbeitet und sich darauf stützt, Entscheidungen zu treffen, die dem Blick der Bürger entzogen werden.

2
Die Auflösung des Rechts

Indem sie die Frage nach der Verteidigung bürgerlicher Freiheiten stellen und in einem allgemeineren Sinne die Aufmerksamkeit auf die Notwendigkeit lenken, die Rechtsordnung und die Grundlagen der liberalen Verfassung gegen die immer ausgeprägteren Tendenzen der Regierungen zu bewahren, die das Gefüge dieser Ordnung aufzulösen drohen, stehen Snowden, Assange und Manning im Zentrum einer Reihe zeitgenössischer Auseinandersetzungen. Ihr Kampf gehört zu dem Feld von Überlegungen, die sich im internationalen Maßstab mit dem Problem der Transformationen der rechtlich-politischen Rahmenbedingungen beschäftigen, welche nach den Attentaten des 11. September 2001 entstanden. Der »Kampf gegen den Terrorismus« und das Bestreben, die »nationale Sicherheit zu schützen«, haben eine zunehmende Schwächung der verfassungsmäßigen Rahmenbedingungen erzeugt. Die Spionageprogramme der NSA und der Schutz von »Staatsgeheimnissen« gehören zur selben Reihe von Phänomenen wie das Lager von Guantánamo, die Geheimbasen des CIA, die Festnahme und Inhaftierung ohne Anklage von Personen, die durch den *Patriot Act* als »feindliche Kämpfer« eingestuft werden. Diese Wirklichkeiten verkörpern eine Logik, die sich immer häufiger zeigt: die Tendenz der Staaten, Dinge zu schaffen, die außerhalb des Gesetzes liegen, und zusätzliche Maßnahmen zu ergreifen, die sich auf Ausnahmen richten.

So analysiert Giorgio Agamben in seinem Buch *Ausnahmezustand* die antiterroristische Gesetzgebung, die von den Vereinigten Staaten nach dem 11. September verabschiedet wurde, und die Aufhebung des üblichen Rechts oder die Minderung des Rechtsschutzes. Beispielsweise beschreibt er, wie das Recht seine eigene Aufhebung in »der *military order* [einschließt], die der Präsident der Vereinigten Staaten am 13. November 2001 erlassen hat. Danach ist bei Nicht-Staatsbürgern, die terroristischer Taten verdächtigt werden, ›unbeschränkte Haft‹ (*indefinite detention*) und ein Prozeß vor ›*military commissions*‹ erlaubt (die nicht mit Militärgerichten zu verwechseln sind, wie sie das Kriegsrecht vorsieht). [...] Das Neue an der ›Anordnung‹ von Präsident Bush ist, daß sie den rechtlichen Status dieser Individuen radikal auslöscht und damit gleichzeitig Wesen hervorbringt, die juristisch weder eingeordnet noch benannt werden können. Nicht nur, daß die in Afghanistan gefangenen Taliban nicht den Status von Kriegsgefangenen gemäß der Genfer Konvention erhalten, sondern es gibt für sie überhaupt keinen Anklagepunkt, der in amerikanischen Gesetzen festgelegt ist: Weder Gefangene noch Angeklagte, sind sie einfach Verhaftete (*detainees*), die einer rein faktischen Herrschaft unterworfen sind, einer Haft, die nicht nur zeitlich, sondern auch ihrem Wesen nach unbestimmt ist, denn sie entzieht sich jedem Gesetz und jeder Form rechtlicher Kontrolle.«[7]

Die zeitgenössische politische Bühne sei durch einen Prozeß gekennzeichnet, in dessen Verlauf die Staaten dazu beitrügen, die Rahmenbedingungen zu schwächen,

---

7 Giorgio Agamben, *Ausnahmezustand*, übers. v. U. Müller-Schöll, Frankfurt/M., Suhrkamp, 2006, S. 10.

die unser Leben vor der Willkür der Macht schützen. Sie erlaubten sich, diese Rahmenbedingungen außer Kraft zu setzen, Personen zu schaffen, die ihre Rechte und sogar ihre Nationalität eingebüßt haben, und auf diese Weise die Wirksamkeit der Regeln zunichte zu machen, deren Existenz immerhin die eigentliche Idee der liberalen Verfassungen begründet.

In *Sprache, Politik, Zugehörigkeit* spricht Judith Butler ebenfalls die Art und Weise an, wie Staaten heute ihre Subjekte rechtlicher Garantien berauben: »Zweifellos ist ein Grund für das wachsende Interesse an Carl Schmitt und vielleicht auch an Giorgio Agambens Arbeiten zu diesem Thema die Vorstellung, daß Verfassungen das Recht des Souveräns auf Aufhebung des verfassungsmäßigen Schutzes in sich tragen. Dem steht entgegen, wie die Geschichte des Aufstiegs des demokratischen Konstitutionalismus gemeinhin erzählt wird, nämlich als Überwindung der Souveränität durch vertragsmäßige Formen parlamentarischer Regierung. Insbesondere steht Agambens Lesart des ›Ausnahmezustands‹ deutlich im Einklang mit jenen Machtoperationen, die wir bei der Aufhebung des verfassungsmäßigen Rechts auf Gerichtsverfahren oder bei der Inhaftierung von Bevölkerungsgruppen im Namen der nationalen Sicherheit am Werk sahen.«[8]

Judith Butler entwickelt diese Analyse in ihrem Buch *Gefährdetes Leben*, wo sie ein Kapitel der Frage nach der »unbegrenzten Haft« widmet.[9] Ihrer Ansicht nach stellen die Haftbedingungen im Lager von Guantánamo, das

---

8 Judith Butler, *Sprache, Politik, Zugehörigkeit*, übers. v. M. Heitz und S. Schulz, Zürich, Diaphanes, 2007, S. 27.

9 Judith Butler, *Gefährdetes Leben*, übers. v. K. Wördemann, Frankfurt/M., Suhrkamp, 2005.

heißt die Einrichtung der Möglichkeit einer zeitlich unbestimmten Haft, die von der Vollzugsgewalt ohne Kontrolle durch die Justizbehörde (und folglich ohne daß der Häftling die Möglichkeit zur Berufung hat, weil gegen ihn formal ja keine Anklage vorliegt) beschlossen wird, eine rechtliche Neuerung dar, deren Tragweite man erfassen muß. Diese Maßnahme muß der Ausgangspunkt einer Reflexion über die Neugestaltung der Staatsmacht, der Souveränität und der Gouvernementalität in der Gegenwart sein.

Die Vorstellung eines Krieges gegen den Terrorismus und die Berufung auf die Existenz von gefährlichen Personen, die die nationale Sicherheit bedrohen, werden von Staaten, insbesondere von den USA, als Instrumente zur Aufhebung der Geltung der traditionellen Rechtsordnung eingesetzt, um den souveränen Charakter ihrer Machtausübung zu vergrößern. Die Insassen von Guantánamo (die Bezeichnung »Strafgefangener« wird ihnen nicht zugestanden, um zu vermeiden, daß sie Rechte einfordern können, die gewöhnliche Strafgefangene in den USA genießen) unterliegen keiner Justizgewalt. Es ist die Vollzugsgewalt, die die Regelung ihres Schicksals sicherstellt: Die Verwaltung entscheidet darüber, ob sie verurteilt werden oder nicht; und die Verwaltung hat deutlich zu verstehen gegeben, daß sie sich selbst im Falle eines Freispruchs das Recht vorbehält, sie nicht freizulassen, wenn sie sie weiterhin für gefährlich hält. Guantánamo ist in den zeitgenössischen Demokratien also ein extrem besonderer Ort, denn hier gilt die Kraft des Gesetzes nicht: Die Vollzugsgewalt löst sich von verfassungsmäßigen Einschränkungen, die ihre Befugnisse beschneiden sollen, und erkennt nicht mehr die Autorität der Gerichte an. Der Staat verschafft sich die

Möglichkeit, der Justizgewalt nicht zu gehorchen. Die zeitgenössische Ökonomie der Macht ist durch die Tatsache gekennzeichnet, daß der Staat sich auf strategische Imperative beruft, um das Gesetz aufzuheben, seine Geltung zu verschieben und bestimmte Personen des Schutzes zu berauben, den es bietet.

Diese Analysen zielen darauf ab, die Wandlungen herauszuarbeiten, die unsere Gegenwart beeinflussen, unsere Stellung in dieser Gegenwart und insbesondere die Natur der Beziehungen, die uns an den Staat binden und uns als Subjekte konstituieren. Sie versuchen zu verstehen, wie sich eine neue Ökonomie der Macht einstellt, eine neue Gestalt des Rechtssubjekts und des Staatsbürgers. Sie heben die Tatsache hervor, daß wir heute eine Umverteilung der souveränen Funktion und des Begriffs der Souveränität in ihrer Beziehung zum Recht erleben. In der traditionellen politischen Analytik wird die souveräne Macht nämlich als Macht des Gesetzes bestimmt, als eine Instanz, die ihre Autorität aus der Formulierung einer Gesamtheit von Gesetzen und aus ihrer Anwendung durch Polizei und Justiz bezieht. In den zeitgenössischen Staaten funktioniert die Souveränität nun aber anders. Sie manifestiert sich nicht mehr in der Anwendung des Gesetzes. Im Gegenteil drückt sie sich im Augenblick seiner Aufhebung aus. Der Staat behauptet seine Souveränität, indem er sein Recht behauptet, dem Recht nicht zu gehorchen. Judith Butler formuliert das folgendermaßen: Es ist nicht so sehr der Souverän, der das Gesetz aufhebt; es ist der Akt der Aufhebung des Gesetzes, der den souveränen Charakter der Staatsmacht erzeugt.[10]

10 Ebd., S. 74.

In diesen allgemeinen Kontext, diesen zeitgenössischen Raum von Auseinandersetzungen und Verunsicherungen, fügen sich die Enthüllungen von Snowden, Assange und Manning ein: Die Fragen, die sich auf die Privatsphäre, die Überwachung, das Verbergen von Staatsgeheimnissen beziehen, stellen einen der Bereiche dar, in denen sich die Schlacht um die Verteidigung der Rechte des Individuums und der großen Rechtsprinzipien gegen die Tendenz der Staaten zu ihrer Gefährdung abspielt. Das ist die Interpretation, die Noam Chomsky ausdrücklich dazu vorgeschlagen hat: Die Juristen des Weißen Hauses sind im Begriff, die Grundlagen unserer bürgerlichen Freiheiten zu zerstören. Snowden, Assange und Manning hätten dazu beigetragen, die Öffentlichkeit über diese fortschreitende Auflösung der rechtlichen Rahmenbedingungen zu alarmieren, und ihre Auflehnung ermuntert zu einer kollektiven Mobilisierung, deren Ziel darin besteht, die Staaten zur Ordnung des Gesetzes und der Verfassung zu rufen.[11]

11 Noam Chomsky, »Edward Snowden, the World's ›Most Wanted Criminal‹«, http://www.truth-out.org/opinion/item/24071-noam-chomsky-edward-snowden-the-worlds-most-wanted-criminal.

3
Politik, Souveränität, Ausnahme

Die Analysen von Judith Butler, Giorgio Agamben oder Noam Chomsky zur Ökonomie der Macht und der Souveränität beziehen sich auf einen bestimmten Kontext: die Entwicklung der Staaten seit dem 11. September 2001. Ihre Bedeutung darf jedoch nicht auf diese historische Situation reduziert werden. Diese Texte gehören im Gegenteil zu einem allgemeinen Versuch der Neudefinition der Beziehung, die ein Teil der zeitgenössischen Theorie mit dem Problem des Gesetzes, der Demokratie und des Staats unterhält. Sie sind Beispiele für die verschiedenen Weisen, wie die Begriffe des Gesetzes und der Staatsbürgerschaft heute problematisiert werden.

Ich möchte gerne diese Sprache wiedergeben und zeigen, inwiefern sie unser Verständnis des Rechts steuert, das heißt unsere Art und Weise, uns selbst im Verhältnis zum Staat vorzustellen. Denn anschließend wird es nötig sein zu erklären, wie diese Figuren, nämlich Snowden, Assange und Manning, den Weg für eine Reformulierung der Sprache der kritischen politischen Philosophie eröffnen. Mit anderen Worten, wenn man ihr Handeln in den allgemeinen Kampf traditioneller Form für die Verteidigung der Freiheiten einbezieht, wie es nahezu jedermann tut und sie selbst ebenso, dann verliert man das Besondere aus dem Blick: Man verdunkelt die Singularität der Fragen, die sie faktisch an den Staat, das Gesetz und die Nation stellen, und die Art und Weise, wie diese Fragen uns ermöglichen sollten, sowohl das Spiel dieser Dispositive als auch die Möglichkeit, uns von ihnen zu befreien, anders zu denken.

Unvollständigkeit

Die kritische Theorie ist immer in der Gegenwart verankert. Ihre Formulierungen tragen die Spuren des Augenblicks ihrer Entstehung – und diese Spuren dürfen nicht als Mängel oder als Anzeichen für eine mangelnde Ausarbeitung verstanden werden. Sie bilden im Gegenteil die sichtbare Manifestation einer wesentlichen Absicht: nämlich die begriffliche Arbeit mit der Frage nach der Gegenwart zu verbinden, immer auf die trüben Zonen der Gegenwart zu blicken und sie als Orte zu betrachten, von denen aus es möglich sein wird, Werkzeuge zu schmieden, um anders zu denken und neue Beobachtungssprachen zu entwickeln.

Die Richtung, die ein ganzer Bestandteil der Theorie in ihrem Verhältnis zum Recht und Staat genommen hat, läßt sich zum großen Teil durch die Wandlungen der politischen und historischen Kontexte erklären, die seit dem Beginn der 2000er Jahre stärker hervorgetreten sind. Diese Wandlungen haben die kritische Analyse beeinflußt, ihre Art und Weise, sich mit dem Recht auseinanderzusetzen, das heißt darauf hinzuweisen, was an der rechtlich-politischen Ordnung problematisch ist. Die Prozesse der Auflösung des Rechts oder der Vermehrung von rechtsfreien Räumen, die sich unter dem Vorwand des »Kriegs gegen den Terrorismus« vollzogen, haben sicherlich den Status von Entwicklungen, die sich in der Folge des 11. September 2001 intensivierten. Aber sie stellten auch den Ausgangspunkt für die Ausarbeitung einer neuen Analyse des Rechts im Allgemeinen dar, einer neuen Technik, um dessen Positivität zu erfassen und dessen Grenzen hervorzuheben. Diese Veränderungen haben die Aufmerksamkeit auf die Phänomene der Rechtsfreiheit gelenkt, auf die Ausnahme, auf das, was sich dem Recht innerhalb des Rechts entzieht. Die zeitgenössische Kritik hat diese Phänomene aufgenommen und sie ins Zentrum ihrer Untersuchungen gestellt.

Die Kritik des Staats und der Souveränität lehnt sich hier an den Begriff der Unvollständigkeit an. Ins Zentrum ihrer Überlegung stellt sie die Idee, daß die Rechtsordnung gleichursprünglich mit der Rechtsfreiheit verknüpft ist. Im Gegensatz zu dem, was man meinen könnte, besteht die Rechtsfreiheit (das heißt die Willkür der Macht, das ungeregelte Kräfteverhältnis) weder neben dem Recht – als etwas, das das Recht in seine regelnde Tätigkeit noch nicht einbezogen hätte –, noch stellt sie eine niemals völlig ausgemerzte »Vorstufe« des Rechts dar. Vielmehr handelt es sich um eine Hervorbringung des Rechts, um einen Ort, der wesentlich zum Recht gehört und vom Recht eingesetzt wird: eine Situation der Macht, die von der Logik des Rechts selbst gefordert und konstruiert wird. Die Kritisierbarkeit der Rechtssysteme der liberalen Demokratien wurzelt in der Tatsache, daß diese Systeme ständig Rechtslücken aufweisen. Die staatliche Ordnung führt unablässig Operationen der Enteignung, Diskriminierung oder des Ausschlusses durch. Auf diese Situationen konzentriert sich die Kritik und nimmt sie als Ausgangspunkt für ihre Analysen.

Ausnahme

Die Kehrseite des Rechts, die dem Recht innewohnt, nimmt bei Agamben die Form des »Ausnahmezustands« an. In seinen Werken *Homo Sacer* und *Ausnahmezustand* bemüht er sich daher zu zeigen, wie die liberalen Demokratien gleichursprünglich an einen paradoxen Typ von Souveränität gekoppelt sind, weil in ihnen dem Souverän das Recht als Ermessensfrage überlassen wird, das Recht außer Kraft zu setzen. Die herkömmliche Interpretation hebt die Vorstellung hervor, der zufolge die politische Macht ihre Legitimität auf die Tatsache gründet, daß sie auf einer Gesamtheit von Gesetzen, Normen und Verfassungsregeln beruht. Aber, so betont Agamben, das rechtliche Gefüge, das die souveräne Macht beschränkt und sie Regeln unterwirft, gilt nie vollkommen. Es kennt Ausnahmen. Der Souverän wird durch eine einzigartige Fähigkeit bestimmt: die Fähigkeit, sich selbst vom Recht zu emanzipieren. Er verfügt über einen Ausnahmestatus, der es ihm gestattet zu bestimmen, was als Ausnahme gilt, und sich anschließend auf diese Ausnahme zu berufen, um die Rechtsordnung außer Kraft zu setzen oder Situationen zu schaffen, die sich ihr entziehen und für die sie nicht gilt. – Guantánamo ist dafür ein Beispiel. Der Souverän kann sich auf bestimmte Erfordernisse berufen, um sich der regulären rechtlichen Beschränkungen zu entledigen, und Dekrete erlassen, die gesetzesbindende Kraft haben, ohne daß man feststellen könnte, woher ihnen diese Legalität zukommt, da ja der rechtliche Rahmen außer Kraft gesetzt wurde. Er verfügt über das Recht, über den Ausnahmezustand zu entscheiden, über die Möglichkeit, zu gegebener Zeit das Recht im Namen des Schutzes und der Selbsterhaltung des politischen und des Gesellschaftskörpers außer Kraft zu setzen.

Nach Agamben ist die liberale Architektur durch folgende Ambivalenz gekennzeichnet: Die Regierungen haben das Recht, sich außerhalb des Rechts zu stellen, sich der Verpflichtung gegenüber dem Recht zu entziehen. Zudem kann die Entscheidung, den Ausnahmezustand zu verhängen (die legitimen Motive zu seiner Anordnung), per definitionem niemals juristisch kodifiziert werden, da sie auf besondere und unvorhersehbare Situationen reagieren muß. Infolgedessen gelangt die Rechtsordnung nicht dazu, einen *nomos* im Gegensatz zu einer vorher existierenden Anomie zu begründen. Sie ist unvollständig. Sie wird selbst durch eine innere Schwäche und eine »anomische Zone« strukturiert. Das Recht gelangt nicht dazu, eine Gesamtheit von Schutzmaßnahmen gegen die Willkür des Souveräns zu garantieren, weil sich der Souverän ihrer willkürlich entledigen kann.

Die Möglichkeit des Ausnahmezustands hat ihren Ort im Zentrum der Architektur der politischen Macht. Aufgrund dessen vernichtet sie den Wert der Konstruktion, auf die sich das Rechtssystem des Abendlands gründet, da das Recht, das Gesetz und der Staat nicht die Herrschaft der Regel gegen das Chaos repräsentieren, sondern im Gegenteil strukturell auf Situationen der Unbestimmtheit, der Unentscheidbarkeit und der Willkür gegründet und von diesen durchdrungen sind – was sie in einem gewissen Sinne ihrer Bedeutung beraubt.[12] Das reicht bis

12 Giorgio Agamben, *Homo Sacer*, übers. v. H. Thüring, Berlin, Suhrkamp, 2012.

zum Unterschied zwischen den liberalen Demokratien und anderen politischen Formen der Herrschaft, der dadurch verschwimmt. Selbst in den liberalen Demokratien bewahrt sich der Souverän die Fähigkeit, auf willkürliche Weise, außerhalb des Gesetzes, zu handeln, das heißt, sich von den Beschränkungen des Rechts zu emanzipieren und Situationen zu schaffen, in denen das Recht nicht gilt – was ebensogut eine positive Form annehmen kann, zum Beispiel im Fall des Begnadigungsrechts,[13] wie eine negative, zum Beispiel im Fall der Einrichtung von Wartezonen auf internationalen französischen Flughäfen, wo Ausländer zurückgehalten werden, die Flüchtlingsstatus beanspruchen.[14] Mit anderen Worten, die Grenze zwischen Absolutismus und Demokratie, zwischen Polizeistaat und Gerechtigkeitsstaat, zwischen Willkürstaat und Rechtsstaat, zwischen Norm und Tatsache wird dadurch verschwommen oder gar ausgelöscht.[15]

Staatenlose

Die von Giorgio Agamben vorgeschlagene Analyse geht also von der Berücksichtigung von Wirklichkeiten aus, die sich außerhalb des Rechts befinden – von Situationen oder negativen Prozessen im Verhältnis zur regulären Ordnung des Rechts und Gesetzes. Die rechtlich-politische Ordnung ist deshalb kritisierbar, weil sie Begriffe der Ausnahme, des Notstands, der Notwendigkeit enthält, die

13 Jacques Derrida, *Séminaire sur la peine de mort*, Paris, Galilée, 2012, S. 128-133.

14 Giorgio Agamben, *Homo Sacer*, S. 183.

15 Giorgio Agamben, *Ausnahmezustand*, S. 101.

sie von innen her auflösen und ihre Architektur und ihren Anspruch zerstören.

Um zu zeigen, wie dieser Typ von Untersuchung einen großen Teil des zeitgenössischen Ansatzes in der Politik kennzeichnet, möchte ich ein zweites Beispiel betrachten: die Texte von Judith Butler über den Nationalstaat, die Staatsbürgerschaft, die Souveränität usw. In ihrem Buch *Am Scheideweg* schlägt sie eine kritische Untersuchung dieser Dispositive, ihrer Funktionsweise und ihrer Wirkungen vor. Und gerade hier fällt es auf, daß sie die Kategorie der »Enteignung« ins Zentrum dieser Untersuchung stellt. Die Kritik des Rechts, die sie formuliert, zielt darauf ab, die Ausschlußverfahren, die durch das Recht praktiziert werden, zu erfassen – das heißt die Art und Weise zu erhellen, wie das Recht etwas außerhalb des Rechts hervorbringt, oder besser noch: Situationen, in denen Einzelpersonen, Gruppen, Minderheiten ohne rechtlichen Schutz sind. Die Kritik der Form des Nationalstaats vollzieht sich im Ausgang von der Konzentration des Blicks auf die Kategorien der Exilierten, der Staatenlosen, der Flüchtlinge: »Zudem waren die Lebensumstände der Staatenlosen und Flüchtlinge entscheidend für mein Verständnis der Menschenrechte und der Kritik am Nationalstaat, an Internierung und Einkerkerung, an der Folter und ihrer Rechtfertigung durch Gesetz und Politik.«[16]

Butler zufolge bringt die Bildung von Nationalstaaten und damit auch von Rechtsstaaten immer den Ausschluß von Bevölkerungsteilen aus dem Nationalstaat mit sich. Jeder Nationalstaat, insofern er von einer gewissen natio-

16 Judith Butler, *Am Scheideweg*, übers. v. R. Ansén, Frankfurt/M., Campus Verlag, 2013, S. 32 f.

nalen Ideologie oder Nationalidentität umgetrieben wird, neigt dazu, Gruppen von vertriebenen Individuen zu erzeugen, weil sie nicht der Idee der Nation, ihrer Einheit, ihrer Definition entsprechen, und sie folglich des rechtlichen Schutzes zu berauben, dessen Garanten die Staaten eigentlich sein sollten: Flüchtlinge, Exilierte, Staatenlose. Im Sinne der Fortsetzung und Weiterentwicklung der Position Hannah Arendts zeigt Butler, daß die Geschichte der Nationalstaaten seit dem 19. Jahrhundert untrennbar mit Erfahrungen der Enteignung, Vertreibung und Internierung einhergeht. Wenn das Problem der Staatenlosen und der Flüchtlinge im 20. Jahrhundert wiederkehrt, dann deshalb, weil es sich um das Jahrhundert des Triumphs der Form des Nationalstaats handelt. Judith Butler schreibt, daß Arendt darauf bestand, »daß dieses Problem der Flüchtlinge und Staatenlosen als Wiederholungsproblem von Staaten zu denken ist, die nach dem Modell des Nationalstaats gebildet sind. Stellt sich die Frage, wie Staaten aussehen, die nicht diesem Nationalstaatsmodell folgen, und ob es Nationalstaaten ohne die schreckliche Folge massiver staatenloser Minderheiten geben kann, ob das Problem struktureller oder geschichtlicher Art oder beides ist.«[17]

Auch hier orientiert sich die Kritik des Rechts an der Berücksichtigung der Ausschlüsse, die es hervorbringt. Der problematische Charakter der Existenz von Nationalstaaten wurzelt in der Tatsache, daß ihre Bildung *eo ipso* zur Erzeugung einer Masse von staatenlosen Minderheiten führt. Die Verfassung eines Nationalstaats stattet zwar bestimmte Personen mit dem Status von Staats-

---

17 Ebd., S. 172.

bürgern aus. Aber diese Inklusionsoperation ist niemals vollkommen. Sie ist begrenzt. Sie hat eine Schattenseite und läßt sich nicht von einer Operation der Exklusion jener trennen, die nicht als Mitglieder der Nation anerkannt werden und die sich in der Folge in einer Situation der Nichtanerkennung abgelehnt und gewalttätigen und willkürlichen Mächten ausgeliefert wiederfinden (Abschottung, Vertreibung).

Die Kategorie der »Ausnahme« und die Kategorie des »Staatenlosen« nehmen eine analoge Position ein. Im Extremfall könnte man sagen, daß die eine und die andere dasselbe Phänomen bezeichnen, aber jeweils anhand unterschiedlicher Perspektiven. In beiden Fällen ist die gestellte Diagnose dieselbe: *Das Recht ist wesentlich mit der Rechtsfreiheit verknüpft*. Im ersten Fall wird diese Rechtsfreiheit im Inneren der Rechtsordnung erfaßt (als Ausnahme), während sie im zweiten Fall außerhalb derselben steht (mit Bezug auf Personen, denen die Rechte aberkannt wurden). Aber in beiden Fällen – und darauf kommt es mir an – bleibt die Struktur der Analyse dieselbe: Man stellt das Recht aufgrund von etwas in Frage, das außerhalb des Rechts steht. Die Kritik geht von dem aus, was ausgeschlossen wird, um die Inklusion und das Prinzip der Inklusion zu hinterfragen; sie erfaßt das, was draußen ist, um das, was drinnen ist, in Frage zu stellen; im Ausgang von der Staatenlosigkeit eröffnet man den Weg für die Kritik am Nationalstaat; durch die Analyse der Ausnahme versucht man, die unsichtbare Logik und die Unmöglichkeit der Regel des Rechts aufzuweisen.

II
Die Herausforderung des Rechts

Die zeitgenössische Kritik des Rechts und der Politik ist scharfsinnig und radikal. Die Situationen der sozialen Ausgrenzung, der Ungleichheit, der Diskriminierung oder der Enteignung, die ins Zentrum der Analyse gestellt werden, werden nämlich begrifflich nicht als »Fehler« oder »Mängel« der Rechtsordnung gefaßt. Sie werden nicht als »Dysfunktionalitäten« charakterisiert, die sich korrigieren ließen, indem man die Rechtslogik, wie sie bereits begründet ist, ausweitet, vervollständigt oder systematisiert. Diese Zonen der Rechtsfreiheit und die Operationen, die ihre Einrichtung steuern, werden im Gegenteil als mit der Rechtsordnung gleichwesentlich betrachtet. Sie gehen aus ihrer Logik selbst und ihrer Anwendung hervor. Infolgedessen beruft sich die hier vorgeschlagene Kritik des Rechts auf eine Neudefinition des rechtlich-politischen Systems, wie wir es kennen. Es geht nicht darum, es zu korrigieren. Es geht nicht darum, innerhalb des Horizonts der liberalen Verfassungen zu bleiben oder die Mittel zu finden, um ihre Versprechungen zu erfüllen, indem man ihre Unvollständigkeiten auf ein Minimum reduziert. Die Kritik ratifiziert diese Ordnung nicht. Statt dessen zeigt sie, daß der Aufbau einer politischen Regierungsform, die nicht zur Produktion von Staatenlosen und Flüchtlingen führen würde oder zur Einrichtung einer Grauzone der Unentscheidbarkeit namens »Ausnahme«, die Vorstellung eines neuen rechtlichen Dispositivs erfordert. Bei Judith Butler führt das beispielsweise zu einer Reflexion über die

Föderationsform als alternativer Organisation zur Form des Nationalstaats.

Dennoch kann die Radikalität solcher Analysen die Tatsache nicht verdecken, die stillschweigend im Hintergrund steht, nämlich hier eine gewisse Ratifizierung der Rechtsordnung. Die zugrundeliegende Verpflichtung auf die Kategorien der Rechtsordnung bedingt und begründet diese Ansätze. Denn schließlich besteht die Beweisführung immer darin, den Rechtsstaat und das Gesetz als schützende, positive, anerkannte Rahmenbedingungen darzustellen, und das, was sich diesen Rahmenbedingungen entzieht, als negativ besetzt. Was am Recht problematisch ist, ist die Ausnahme, die das geregelte Funktionieren der Rechtsnormen in Schach hält; was am Nationalstaat problematisch ist, ist die Ausgrenzung und die Enteignung, die er produziert, die Erzeugung von Gruppen von Staatenlosen und Flüchtlingen. Kurz, in dieser analytischen Sprache konzentriert sich die Kritik der Rechts- oder politischen Ordnung auf interne oder externe Schwachstellen dieser Ordnung, auf die Momente, in denen sie sich auflöst, auf die Orte, von denen sie sich zurückzieht usw.

Was wir sind

Was mir hier jedoch völlig verlorenzugehen scheint, ist die Möglichkeit einer Kritik des Rechts in seiner Positivität. Aus diesem Grund scheint es mir sowohl möglich als auch notwendig zu sein, die zeitgenössische Kritik zu radikalisieren, um die Kategorien der Rechtsordnung und der Politik selbst zu hinterfragen. Das Ziel wäre dann nicht, sich auf das zu konzentrieren, was das Recht ausschließt, oder auf die Situationen, in denen es nicht gilt, sondern freizulegen, was es an sich ist, sein Wesen und die Bestimmung dessen, was es beinhaltet. Es ginge darum, nicht die Staatenlosigkeit als Gegenstand zu nehmen, sondern die Staatsbürgerschaft. Nicht den Ausnahmezustand, sondern die Regel und das normale Funktionieren des Rechtsstaats.

Ich möchte hier versuchen, einen Beitrag zur Ausarbeitung einer Kritik der Operationen des Rechts und der politischen Ordnung zu leisten, die die Begriffe des Staatsbürgers, des Staats, des Gesetzes usw. zum Gegenstand hätte. Es scheint mir nämlich, daß, wenn man diese Dispositive nicht hinterfragt, wenn man sie zu Bezugspunkten erhebt, relativ zu denen das »Negative« gedacht wird, die zeitgenössische Kritik so tut, als ob es sich um unproblematische Kategorien handelt, die an sich transparent sind, keiner Untersuchung bedürften und nicht von Operationen der Macht durchsetzt wären. Nun muß man aber umgekehrt die Frage problematisieren, was es bedeutet, ein Rechtssubjekt zu sein, was es bedeutet, der Ordnung des Gesetzes zu unterstehen, was die Tatsache beinhaltet, für den Status des Staatsbürgers qualifiziert zu sein, welche Modi der Subjektivierung diese Rahmenbedingungen aufzwingen. Wenn wir verstehen wollen, was wir sind, wenn wir die Operationen der Macht erkennen wollen, die uns betreffen, die Regelungen, die uns bestimmen und umgrenzen, was wir sein können, dann brauchen wir eine Theorie, die uns gestattet zu erfassen, was es heißt, ein Rechtssubjekt zu sein, welcher Gewalt wir als Staatsbürger, als Angehörige eines Staats, als Gesetzessubjekte unterworfen sind. Welche Operationen sind bei der Tatsache am Werk, von der Rechtsordnung eingeschlossen zu werden, bei der Tatsache, einer Nation *anzugehören*?

Offenbar bedeutet das Stellen solcher Fragen nicht, daß man den Staatsbürger und den Staatenlosen auf dieselbe Ebene stellt oder die Verfahrensweisen willkürlicher Regierungen und die regulärer Regierungen. Die Kritik des Rechts, die ich vorschlage, setzt mitnichten voraus, eine solche Neutralisierung der Unterschiede vorzunehmen. Eine vollständige, radikale Kritik zu erwägen bedeutet nicht, das Recht und das, was außerhalb des Rechts steht, auf dieselbe Ebene zu stellen. Indem ich beabsichtige, eine Kritik des Rechtsstaats oder der Staatsbürgerschaft in ihrer Positivität zu unternehmen, meine ich nicht, daß es gewissermaßen ebensoviel Gewalt, ebenso viele Begrenzungen im Rechtsstaat wie im Polizeistaat, in der Staatsbürgerschaft wie im Exil gibt und daß die beiden Bedingungen gleich problematisch wären. Ich stimme natürlich der Vorstellung zu, der zufolge das Recht, das Gesetz und die Verfassung Schutzmaßnahmen verkörpern, deren Entzug und Aufhebung eine Enteignung darstellen. Aber zugleich darf diese Wahrnehmung nicht dazu führen, daß man die Werte der Rechtsordnung ratifiziert und verhindert, eine kritische Untersuchung des Typs von Subjektivität durchzuführen, die sich aus der Tatsache ergibt, daß man einem Staat angehört. Andernfalls neigt die Kritik dazu, eine bestimmte Form des Etatismus im Denken einzurichten, eine bestimmte Ratifizierung der Logik des Rechts und der Staatsbürgerschaft. Das Projekt einer Kritik des Staats, der Rechtsordnung, der Rahmenbedingungen für die Politik muß bewahrt und behauptet werden: Es soll uns ermöglichen, die Operationen der Macht und die Formen der Gewalt freizulegen, die durch diese

Dispositive auf verborgene Weise ausgeübt werden, und uns folglich die Mittel an die Hand geben, diese Formen mit den Erfordernissen der Demokratie und der Freiheit zu vergleichen, um einen neuen politischen Horizont zu eröffnen, der emanzipatorischer ist und einen besseren Schutz bietet.[1]

Die These, die ich vorschlagen möchte, lautet, daß gerade die Handlungen von Snowden, Assange und Manning in ihrer eigentlichen Form und Entfaltung die Rechtsordnung und Architektur der liberalen Demokratie hinterfragen. Mit anderen Worten: In den Kämpfen, die sich um sie herum abspielen und deren beispielhafte Gestalten sie sind, geschieht etwas anderes als nur der Versuch, die Staaten an das Gesetz und die Normen der Verfassung zu gemahnen. Diese Sichtweise erfaßt nur einen Aspekt dessen, was auf dem Spiel steht. Sie wendet das dominante kritische Analyseraster der Macht und der Souveränität auf diese Kämpfe an und integriert sie in ein vorbestimmtes Schlachtfeld. Infolgedessen verhindert sie zu erkennen, was es hier an Neuem, Einzigartigem und Beispiellosem gibt.[2] Wenn man dem ge-

---

1 Zu den Debatten, die die kritische Theorie mit der Rechtsordnung führt, und genauer zu der Art und Weise, wie der formale Charakter der liberalen Rechte positiv als Quelle der Inspiration und der Erfindung für die emanzipatorischen Bewegungen gesehen werden kann, vgl. Joan Scott, »Quelques autres réflexions sur le genre et la politique«, in: *De l'utilité du genre*, Paris, Fayard, 2012, S. 112-119.

2 Mein Ansatz steht daher im Gegensatz zu Unternehmungen, die so tun, als ob alle Kämpfe auf ein und dasselbe Prinzip zurückgehen und durch denselben Satz von Begriffen erfaßt werden könnten (Stimme, Ungehorsam, Kollektiv usw.). Das theoretische Erfassen der Politik erfordert, daß man von der Besonderheit der Kämpfe ausgeht, um die Kategorien zu hinterfragen, die man verwendet, anstatt jedes Schlacht-

recht werden will, was Snowden, Assange und Manning tun, was sie sind, dann erfordert das, daß man sich nicht ausschließlich an die Gegenstände ihrer Proteste klammert. Man muß die Art und Weise ihres Protests ansehen. In ihrer Weise des Aufbegehrens, der Konstitution als kämpfende Subjekte, haben sie praktisch ein neues Verhältnis zum Recht, zum Staat, zum Dissidententum in die Tat umgesetzt. Sie haben die etablierten Formen der Revolte nicht für sich übernommen und haben sich nicht damit begnügt, auf die schon eingerichtete Bühne neue Gegenstände der öffentlichen Konfrontation zu bringen. Ihr Angriff zielt auf die Bühne der Politik selbst. Sie stellen die Rahmenbedingungen der Politik in Frage, die vorgeschriebenen Formen der Mobilisierung und des Ausdrucks – und aufgrund dessen realisieren sie einen Protest gegen das Dispositiv der demokratischen Politik, wie wir es kennen und wie es uns aufgedrängt wird. Bekanntlich ist es immer umstürzlerischer, das System in Frage zu stellen, als innerhalb eines anerkannten und eingerichteten Rahmens Reden zu halten, auch wenn diese sehr radikal sein mögen. Snowden, Assange und Manning bieten nicht nur den Schwächen der Demokratien und den Prozessen der »Auflösung« der gewöhnlichen rechtlichen Regel die Stirn. Sie verkörpern *eine Herausforderung gegenüber dem Gesetz selbst*. Sie versuchen, die Frage zu stellen, was das Nichtdemokratische ist, das in den Werten und Idealen fortbesteht, die wir herkömmlicherweise als Symbole der Demokratie anerkennen.

feld in Sonderfälle einer allgemeineren Szene zu verwandeln, die in ihrer Form und ihren Einsätzen vorbestimmt ist. Vgl. beispielsweise Sandra Laugier und Albert Ogien, *Le principe démocratie*, Paris, La Découverte, 2014.

Wenn es darum geht, die Handlungen von Snowden, Assange und Manning zu beschreiben – aber auch die von anderen Akteuren, die in ihrem Kielwasser fahren: Whistleblower, Hacker, Anonymous usw. –, ist die Kategorie, die am häufigsten wiederkehrt oder die unmittelbar als die angemessenste erscheint, jedoch eine klassische Kategorie: die des »zivilen Ungehorsams«. Gewiß haben Snowden, Assange und Manning illegale Akte begangen: Sie haben Geheimdokumente heruntergeladen, sie haben sich Informationen verschafft, für die sie keine Befugnis hatten, sie haben zur Veröffentlichung von Geheimberichten beigetragen usw. Aber die Illegalität dieser Akte ist nur scheinbar. Vor allem verhindert sie nicht die Legitimität dieser Akte. Denn ihr Zweck ist die Anprangerung illegaler Handlungen des Staats: unbefugte Überwachungen, unrechtmäßige Programme, Handlungen, die den Rechtsregeln widersprechen.

Wie Noam Chomsky in einem Dialog mit Michel Foucault über die Gerechtigkeit[3] bemerkt, beruht die Praxis des zivilen Ungehorsams auf einem einfachen Axiom: zu einem bestimmten Zeitpunkt das Monopol dessen, was gerecht oder legal ist, nicht mit dem gleichzusetzen, was mit der Rechtsordnung übereinstimmt. Der Staat kann kriminell sein. Und einem Gesetz nicht zu gehorchen kann daher ein legaler Akt sein. Mehr noch, wenn der

3 Michel Foucault und Noam Chomsky, »Über die Natur des Menschen: Gerechtigkeit versus Macht«, in: Michel Foucault, *Dits et Écrits*, Bd. II, übers. v. J. Schröder, Frankfurt/M., Suhrkamp, 2002, S. 586-637.

Staat sich auf kriminelle Weise und im Widerspruch zur Verfassung verhält, gehört es zur *Pflicht* der Bürger – und zwar nicht nur zur moralischen, sondern vor allem auch zur gesetzlichen –, ihn zu stoppen: »Wenn ich eine Handlung vollziehe, die der Staat als illegal betrachtet, halte ich sie häufig für legal. Das bedeutet, daß der Staat ein Verbrechen begeht.«[4] Chomsky spricht beispielsweise Akte des Widerstands und des Ungehorsams gegen die imperialistischen Kriege an, und zwar insbesondere gegen den Vietnamkrieg: »Interessante Elemente, die in die Nürnberger Prinzipien und die Charta der Vereinten Nationen Eingang gefunden haben, ermächtigen den Bürger, ich glaube sogar, *fordern* vom Bürger, gegen seinen eigenen Staat zu handeln, was vom Staat fälschlicherweise als kriminell betrachtet wird. Trotzdem handelt der Bürger ganz legal, weil das internationale Recht Drohungen oder den Einsatz von Gewalt in internationalen Angelegenheiten verbietet, es sei denn unter ganz bestimmten Bedingungen, die für den Vietnamkrieg aber nicht gelten. In diesem besonderen Fall, der mich am meisten interessiert, handelt der amerikanische Staat wie ein Verbrecher. Und man hat das Recht, Verbrecher daran zu hindern, einen Mord zu begehen. Wenn der Verbrecher vorgibt, dass Ihre Handlung illegal ist, wenn Sie ihn zu verhaften versuchen, heißt das nicht, dass das auch stimmt.«[5]

Die Handlungen von Snowden, Assange und Manning als zivilen Ungehorsam zu interpretieren läuft darauf hinaus, sie in die Kontinuität der großen demokratischen Kämpfe des 19. und 20. Jahrhunderts einzuzeichnen, vom

---

4 Ebd., S. 622 f.

5 Ebd.

Kampf gegen die Sklaverei bis zum Kampf für die Bürgerrechte, von den Protesten gegen den Vietnamkrieg bis zu den Bewegungen für die gleichgeschlechtliche Ehe oder gegen genetisch modifizierte Organismen (die *Faucheurs volontaires*[6]): Um verhängnisvolle Maßnahmen oder gar illegale Maßnahmen des Staats anzuprangern und um deren Rücknahme zu erreichen, hätten sich diese drei Aktivisten nach dem Vorbild zahlreicher anderer politischer Akteure vor ihnen das Recht zum Ungehorsam herausgenommen. Diese Interpretation stimmt, wie man sieht, vollkommen mit der gewöhnlichen Wahrnehmung ihrer Akte als Reaktionen auf die Bedrohungen überein, die auf unseren bürgerlichen Freiheiten lasten: angesichts der Vermehrung von Ausnahme- oder illegalen Maßnahmen, hätten sie interveniert, um die Öffentlichkeit anzusprechen und den Staat an die Regel des Rechts zu gemahnen.

Ich möchte hier diese Interpretation bestreiten. Ich glaube nicht, daß Snowden, Assange und Manning so betrachtet werden können, daß sie sich in die Tradition des zivilen Ungehorsams einreihen. Es scheint mir nicht zutreffend, sie mit Hilfe dieser Kategorie zu beschreiben. Natürlich geht es keineswegs nur darum, ein Problem der »Bezeichnung« aufzuwerfen. Definitionsfragen sind nicht besonders interessant. Meine Idee ist vielmehr, daß der Unterschied zwischen den Handlungen von Snowden, Assange und Manning und den Formen des zivilen Ungehorsams den kritischen Ort bezeichnet, die Bruchlinie, die die Neuheit dessen enthält, was sich durch sie voll-

6 Die *Faucheurs volontaires* sind eine Gruppe französischer Aktivisten, die sich verpflichtet haben, Versuchsparzellen transgener Pflanzen und gentechnische Kulturen auf freiem Feld zu zerstören (A. d. Ü.).

zieht, und diese Neuheit zugleich auch ermöglicht. Der zivile Ungehorsam stellt nämlich keinen Modus des Protests unter anderen dar. Im Gegenteil erscheint er als diejenige Form der Revolte, die im Bereich des Erlaubten am weitesten geht, in dem, was der Raum der liberalen Demokratie, wie wir sie kennen, gestattet. Unter allen verfügbaren Möglichkeiten, um einen Dissens auszudrücken, ein Gesetz, eine Regelung usw. anzuprangern, stellt er die stärkste Geste dar, die häufig als letztes Mittel angewandt wird. Man könnte sogar sagen, daß es sich in einem gewissen Sinne um die radikalste demokratische Praxis handelt, die den aufrührerischsten, den rebellischsten Gebrauch von den Kategorien des Gesetzes, der Staatsbürgerschaft, der Verfassung usw. macht.[7]

Daher ermöglicht die Analyse der Frage, inwiefern und warum Snowden, Assange und Manning eine Phasenverschiebung gegenüber diesem Dispositiv darstellen, nicht nur die Reflexion auf das Wesen des zivilen Ungehorsams, sein Ungedachtes, seine Begrenzungen – auf das, was vielleicht konservativ daran ist (was uns dazu bewegen wird, die Vervielfältigung der Bewegungen, die sich darauf berufen, mit Vorsicht zu betrachten). Dadurch wird auch der Weg frei für die Erforschung dessen, was ein Modus der politischen Subjektivierung sein könnte, der sich den vorgeschriebenen und schon etablierten Formen entzieht, und damit auch für die Hinterfragung der Wirkungen der Macht, der Zensur und der Gewalt, die diese fest eingerichteten Formen mit sich bringen. Wie funktionieren die

7 Vgl. Jacques Derrida, »Admiration de Nelson Mandela«, in: *Psyché*, Paris, Galilée, 1987; dt.: »Die Bewunderung Nelson Mandelas oder die Gesetze der Reflexion«, in: *Für Nelson Mandela*, übers. v. G. Ricke und R. Vouillé, Reinbek, Rowohlt, 1987, S. 11-45.

Begriffe der Staatsbürgerschaft, des Gesetzes, des Staats, des öffentlichen Raums? Welche Wege könnte eine Subjektivierung beschreiten, die von fest begründeten Ausdruckscodes in den liberalen Demokratien befreit ist? Welche Folgen könnten sich daraus ergeben?

Der zivile Ungehorsam

Der klassischste Text, um das Wesen des zivilen Ungehorsams und das zu verstehen, was diese Methode über die Subjektivität der kämpfenden Individuen vermittelt, das heißt über ihr Verhältnis zum Gesetz und zum Staat, ist wohl John Rawls' Werk *Eine Theorie der Gerechtigkeit*. In diesem Buch interessiert sich Rawls ausführlich für die Frage nach der Definition und anschließend nach der Rechtfertigung des zivilen Ungehorsams. Er beschränkt sich auf den Rahmen einer demokratisch begründeten Autorität, da sich seiner Ansicht nach das Problem der Legitimität, um nicht zu sagen der Legalität, des Dissidententums wirklich nur für Regime stellt, bei denen der Prozeß der Gesetzesformulierung demokratisch ist – für autoritäre oder diktatorische Regime ist die Legitimität der Opposition offensichtlich. (Es ist wichtig anzumerken, daß Rawls' Analysen sehr weitgehend von den Bewegungen des zivilen Ungehorsams selbst aufgenommen wurden, die sich darauf berufen und darin erkannt haben, so daß man behaupten kann, daß sie die Werte, die diese Methode begründen, gut zum Ausdruck bringen.)

Rawls bestimmt den zivilen Ungehorsam als »[eine] öffentliche, gewaltlose, gewissensbestimmte, aber politische gesetzwidrige Handlung, die gewöhnlich eine Änderung der Gesetze oder der Regierungspolitik herbeiführen soll«.[8] Der zivile Ungehorsam stellt daher zunächst eine Politik des Aufrufs, der öffentlichen Mobilisierung dar: Er richtet sich an den Sinn für Gerechtigkeit, an den Sinn für Demokratie der Mehrheit und der Regierung, um eine Reform im Verhalten des Staats zu erreichen. »Zur Rechtfertigung des zivilen Ungehorsams beruft man sich nicht auf Grundsätze der persönlichen Moral oder auf religiöse Lehren, auch wenn sie mit den Forderungen übereinstimmen und sie stützen [...]. Vielmehr beruft man sich auf die gemeinsame Gerechtigkeitsvorstellung, die der politischen Ordnung zugrundeliegt. Ich nehme an, daß es in einem einigermaßen gerechten demokratischen System eine öffentliche Gerechtigkeitsvorstellung gibt, von der sich die Bürger in politischen Angelegenheiten leiten lassen, und nach der sie die Verfassung interpretieren. Die dauernde und vorsätzliche Verletzung der ersten Grundsätze dieser Vorstellung während längerer Zeit, besonders die Verletzung der gleichen Grundfreiheiten, fordert entweder Unterwerfung oder Widerstand heraus.«[9]

Auch wenn es eine Minderheit ist, die beschließt, diese Methode des Protests in Anspruch zu nehmen, vollzieht sich daher die Mobilisierung immer *im Namen von Werten der Mehrheit,* oder besser, im Namen dessen, was als Werte der Gesellschaft erscheint, der Werte, die als »gemeinsame« bezeichnet werden. »[Der] zivile Ungehorsam [ist] nicht nur in dem Sinne eine politische Hand-

---

8 John Rawls, *Eine Theorie der Gerechtigkeit*, übers. v. H. Vetter, Frankfurt/M., Suhrkamp, 1979, S. 401.

9 Ebd., S. 402.

lung […], daß er sich an die Mehrheit richtet, die die politische Macht hat, sondern auch, weil er von politischen Grundsätzen geleitet und gerechtfertigt wird, d. h. von den Gerechtigkeitsgrundsätzen, die die Verfassung und die gesellschaftlichen Institutionen im allgemeinen bestimmen.«[10]

Öffentlichkeit

Trotz seines anscheinend einzigartigen und radikalen Charakters reiht sich der zivile Ungehorsam in die Kontinuität der traditionellsten demokratischen Formen ein. Seine erste Eigenschaft ist es, öffentlich zu sein. Das ungehorsame Subjekt oder Kollektiv muß öffentlich, vor aller Augen und ganz bewußt ungehorsam sein: »Ziviler Ungehorsam ist eine öffentliche Handlung. Sie bezieht sich nicht nur auf öffentliche Grundsätze, sondern findet auch in der Öffentlichkeit statt. Sie wird nicht insgeheim ausgeführt, sondern so, daß sie auch ausreichend wahrgenommen wird. Man kann sie mit einer öffentlichen Rede vergleichen, einem Appell, der tiefe und gewissenhafte politische Überzeugungen ausdrückt; daher findet sie vor dem Forum der Öffentlichkeit statt.«[11]

Diese Öffentlichkeit des zivilen Ungehorsams wird von seiner Logik selbst erfordert. Sie wohnt als Forderung dem Sinn und der Funktion einer solchen Handlung inne. Denn der Zweck des Ungehorsams ist es vor allem, die öffentliche Meinung anzusprechen, sich in die poli-

---

10 Ebd.

11 Ebd., S. 403.

tische Deliberation einzuschalten: Indem ich öffentlich bekräftige, daß ich einem Gesetz nicht gehorche, das ich für unrechtmäßig halte, wende ich mich an die anderen oder, um es anders auszudrücken, will ich meine Gesellschaft dazu aufrufen, ihre Prinzipien einzuhalten, und die Aspekte anprangern, in denen der Staat die Grundlagen seiner Existenz zu verraten scheint. Der zivile Ungehorsam will auf diese Weise eine Gesellschaft mit sich selbst, mit ihren Gerechtigkeitsidealen konfrontieren, damit sie die Übereinstimmung mit sich selbst herstellt.

Ungehorsam zu sein, die Ordnungskräfte herauszufordern, scheint zu einer Praxis der Herausforderung des Staats zu gehören. In Wirklichkeit handelt es sich nur um eine Mobilisierung, deren Ziel es ist, den Staat umzubauen oder ihn zu reformieren. Der zivile Ungehorsam stellt keine Praxis der Anfechtung der Rechtsordnung dar. Im Gegenteil funktioniert er wie eine Mahnung an das Gesetz. Die Protestierenden distanzieren sich von dem, was zu einem gegebenen Zeitpunkt als Gesetz gilt, im Namen der »Werte« der Gesellschaft. Diese Form des Protests vollzieht sich im Namen des Gesetzes. Man könnte sogar in einem bestimmten Sinne sagen, daß die Dissidenten sich als gesetzestreuer verstehen als der Staat.

Halten wir außerdem fest, daß der zivile Ungehorsam aus diesem Grund keine erfinderische Praxis ist, in der eine politische Innovation stattfinden könnte: Insofern sie sich im Namen der »Werte der Gesellschaft« – wenn dieser Ausdruck überhaupt einen Sinn hat, und genau hier liegt das Problem –, im Namen der »Verfassung« vollzieht, setzt sie die Ratifikation dieser Werte voraus, nimmt die Normen als gegeben an und begibt sich daher in eine Situation, in der man nichts Neues herstellen kann.

Infolgedessen subjektiviert sich das Subjekt des zivilen Ungehorsams, das Subjekt, das in diesen Typ von Kampf eintritt, wie man erkennt, nicht wie ein aufrührerisches Wesen, ein Wesen, das Werten anhängen würde, die dem Anarchismus nahestehen, oder das mit dem Rechtsstaat brechen würde. Im Gegenteil, das Subjekt des zivilen Ungehorsams ist ein Subjekt des Staats. Es handelt im Namen des Gesetzes; es erkennt seine Zugehörigkeit zum Rechtssystem an. Aber es leitet aus dieser Zugehörigkeit die Forderung ab, zu einem bestimmten Zeitpunkt diesem oder jenem Gesetz gegenüber, das offensichtlich mit den Werten der Gerechtigkeit unvereinbar ist, öffentlich ungehorsam zu sein.

Verantwortlichkeit

Diese vorgängige Anerkennung des Gesetzes, die den Akt des Ungehorsams prägt, erscheint in der Tatsache, daß die Leute, die den Ungehorsam zeigen, sich als Subjekte subjektivieren, die für ihre Handlungen verantwortlich und bereit sind, für sie einzustehen. Der Akt des Ungehorsams provoziert zwangsläufig eine repressive Reaktion seitens des Staats und birgt das Risiko einer Strafmaßnahme. Nun versucht das Subjekt, das sich am zivilen Ungehorsam beteiligt, nicht, der Bestrafung zu entgehen. Es erkennt deren Legitimität an und läßt sich bestrafen. Es stellt sich selbst als ein strafbares Subjekt vor. Ungehorsam sein, sich verhaften lassen, bestraft werden: diese drei Schritte stellen eine *typische* Sequenz des zivilen Ungehorsams dar. Auf diese Weise zeigt sich nämlich die Gesetzestreue der Bewegungen und dadurch auch ihre Aufrichtigkeit: »Der zivile Ungehorsam ist noch aus einem anderen Grunde gewaltlos. Er drückt Ungehorsam gegenüber dem Gesetz innerhalb der Grenzen der Gesetzestreue aus, wenn er sich auch an deren Rande bewegt. Das Gesetz wird gebrochen, doch die Gesetzestreue drückt sich im öffentlichen und gewaltlosen Charakter der Handlung aus, in der Bereitschaft, die gesetzlichen Folgen der Handlungsweise auf sich zu nehmen. Diese Gesetzestreue trägt dazu bei, der Mehrheit zu verdeutlichen, daß die Handlung tatsächlich gewissenhaft und aufrichtig ist und sich an den Gerechtigkeitssinn der Öffentlichkeit wendet.«[12]

Dieses Akzeptieren der Bestrafung paßt zum gewaltlosen Charakter des zivilen Ungehorsams, wobei diese Einstellungen die beiden Seiten derselben Taktik bilden, deren Ziel es ist, umgekehrt die *Gewalt* des Gesetzes sichtbar zu machen. Friedlich ungehorsam sein, sich verhaften lassen, sich bestrafen lassen: All das gestattet, eine Bühne zu errichten, auf der die Gewaltlosigkeit auf der Seite der Protestierenden steht, während die Repression, die Anwendung von Gewalt, beim Staat liegt. Diese Inszenierung stellt einen Gegensatz zwischen dem Pazifismus der Demonstranten und der repressiven Gewalt des Staats her, der die öffentliche Meinung ansprechen und sie dazu bringen muß, die Ungerechtigkeit der Behörden wahrzunehmen, damit sie sich für eine Änderung des Gesetzes mobilisiert.

Die Unterwerfung unter die strafrechtliche Verfolgung und sogar der Aufruf zur Bestrafung, der den Akt des zivilen Ungehorsams durchzieht, erscheint schon seit Beginn dieser Praxis in dem Gründungstext von Henry David Thoreau. In *Über die Pflicht zum Ungehorsam gegen den*

12 Ebd., S. 403.

Staat macht dieser nämlich seine Opposition gegen den Krieg mit Mexiko deutlich und vor allem gegen die Politik des Sklavenhandels der Südstaaten, was ihn zum Ungehorsam führt: Er weigert sich, seine Steuern zu zahlen. Thoreaus Text ist komplex, reichhaltig, und wir werden weiter unten sehen, daß man daraus auch andere Überlegungen ableiten kann. Im Moment möchte ich hervorheben, daß Thoreau die Zugehörigkeit des zivilen Ungehorsams zum Spiel der Strafe recht deutlich macht. Indem er öffentlich ungehorsam ist, weiß er, daß er die Strafverfolgung heraufbeschwört und im Gefängnis enden wird. Aber das ist genau das, was er will: Er *muß* im Gefängnis enden, er *will* im Gefängnis enden. Dadurch, daß er ihn einsperrt, zeigt der Staat öffentlich seine Ungerechtigkeit: »Unter einer Regierung, die irgend jemanden unrechtmäßig einsperrt, ist das Gefängnis der angemessene Platz für einen gerechten Menschen. Der rechte Platz, der einzige, den Massachusetts seinen freieren und weniger kleinmütigen Geistern anzubieten hat, ist eben das Gefängnis, wo sie von Staates wegen ausgesetzt und ausgeschlossen werden, nachdem sie sich durch ihre Grundsätze schon selbst ausgeschlossen haben. Der entflohene Sklave, der mexikanische Kriegsgefangene auf Parole und der Indianer mit seinen Anklagen gegen das Unrecht, das man seiner Rasse zugefügt: nur hier sollen sie ihn finden, im Gefängnis; auf diesem abgeschiedenen, aber freieren und ehrbareren Boden, wo der Staat jene hinbringt, die nicht *mit* ihm, sondern *gegen* ihn sind: es ist das einzige Haus in einem Sklavenstaat, das ein freier Mann in Ehren bewohnen kann.«[13]

---

13 Henry David Thoreau, *Über die Pflicht zum Ungehorsam gegen den Staat*, übers. v. W. E. Richartz, Zürich, Diogenes, 1969, S. 20.

Auf andere Weise

Der zivile Ungehorsam stellt einen Grenzfall dar: Er repräsentiert diejenige Kunst der Revolte, die die Kategorien, welche die Architektur der liberalen Demokratien begründen, auf die radikalste Weise ins Spiel bringt. Daher können wir uns dieses Falls als eines Vergrößerungsspiegels bedienen, der uns gestattet, auf unser politisches Unbewußtes zu reflektieren, unsere herkömmlichen Denkweisen, die Bestimmung, die wir den Kategorien des Staatsbürgers, des Subjekts usw. geben. Diese Praxis liefert die Mittel, um die Logik zu enthüllen, die die Existenz der Demokratie sowohl in ihren »ruhigen« Perioden als auch in den Momenten des Protests konditioniert – das heißt die Form der Subjektivierung, die auch bei den anderen etabliertesten und regulärsten Praktiken wie der Petition, der Demonstration, beim Streik usw. am Werk ist.

Im Grunde ist der zentrale Punkt hier die Feststellung, daß es notwendig ist, daß ein Akt des zivilen Ungehorsams von einem Subjekt vollzogen wird, das ein gewisses Verhältnis zum öffentlichen Raum und zur Verantwortlichkeit aufweist, damit er einen politischen Sinn annimmt und nicht einfach nur als krimineller Akt, sondern als bürgerliche Intervention wahrgenommen wird. Das Subjekt, das sich engagiert, präsentiert sich in der öffentlichen Sphäre, es besetzt den öffentlichen Raum, es macht sich sichtbar, und aus diesem Grund hält es gleichzeitig eine Rede oder unternimmt Handlungen, die es verpflichten, für die es eventuell einstehen muß und für die es die Verantwortung übernimmt. Um als Staatsbürger zu handeln, um in die Sphäre der Demokratie einzutreten, muß das

Subjekt identifizierbar und verantwortlich sein und muß öffentlich handeln. Es ist die Übernahme dieses Subjektivierungsmodus, die aus ihm ein Rechtssubjekt, das heißt einen Staatsbürger macht.

Findet man nun aber nicht gerade bei Snowden, Assange und Manning oder bei den Bewegungen, die ihnen nahestehen, den Versuch, ein Handeln zu vollziehen, das diesen Beschränkungen und diesem Subjektivierungsmodus entgeht?

Chelsea Manning hat sich beispielsweise nicht an einer Aktion des *zivilen*, das heißt des offenen und Verantwortung übernehmenden Ungehorsams gegen illegale Praktiken der amerikanischen Armee und der Geheimdienste beteiligt. Sie hat im Verborgenen und anonym gehandelt – und wurde nur durch Denunzierung als Quelle von durchsickernden Informationen entdeckt. Manning hat *politisch, aber ohne öffentliche Forderung* gehandelt. Darüber hinaus hat sie die Informationen, die sie besaß, auf der Webseite von WikiLeaks verbreitet, die diese Art von Praxis und Intervention fördert. Mit WikiLeaks will Julian Assange nämlich einen verschlüsselten Raum ohne Möglichkeit der Nachverfolgung zur Verfügung stellen, das heißt einen Raum, innerhalb dessen es unmöglich ist, die Identität der »Quelle« zu bestimmen, die Dokumente einstellt.[14] Die neuen Kämpfe, die sich um WikiLeaks herum abspielen, das Handeln von Chelsea Manning oder natürlich auch einer Gruppe wie Anonymous inszenieren so eine neue Art und Weise, Politik zu betreiben, die sich

14 Balázs Bodó, »You Have No Sovereignty Where We Gather – WikiLeaks and Freedom, Autonomy and Sovereignty in the Cloud«, *Social Science Research Network*, März 2011, S. 4-5, http://www.a51nl/storage/pdf/SSRN_id1780519l.pdf.

der Problematik des Auftretens im öffentlichen Raum entzieht. Hier geht es darum, den Kampf durch die Forderung nach einer Praxis der Anonymität und des Nicht-Erscheinens zu entfalten.

Zwar treten Snowden und Assange im öffentlichen Raum auf. Sie bekennen sich zu ihren Handlungen, und man kennt ihre Namen. Dennoch vollziehen auch sie einen Bruch mit den traditionellen Strukturen der Demokratie, aber auf andere Weise: Sie stellen den Begriff des verantwortlichen Subjekts in Frage. Weit entfernt davon, die Verantwortung für ihre Handlungen zu übernehmen, die Bestrafung zu provozieren und zu akzeptieren – sich nach dem Vorbild Thoreaus verhaften und einsperren zu lassen –, haben Snowden und Assange die einzelgängerische Praxis des Exils übernommen. Sie haben sich nicht friedlich und passiv verhaften lassen, um verurteilt zu werden – Manning übrigens auch nicht. Ihre Politik bestand in der Flucht. Sie sind zwar öffentliche Figuren, die sich öffentlich zu ihrem Vorgehen bekannt haben, aber gleichzeitig haben sie sich nicht als Subjekte konstituiert, die die Repression akzeptieren; sie haben sich als »unverantwortliche« Subjekte gezeigt, die sich weigern, vor Gericht zu erscheinen. Snowden ist beispielsweise nach Hongkong gegangen, bevor er seine Enthüllungen machte; er hat dort versteckt gelebt und war dann gezwungen, in Moskau Unterschlupf zu suchen. In Dutzenden von Ländern hat er Asyl beantragt. Wir haben es hier also nicht mit politischen Subjekten zu tun, die »die rechtlichen Konsequenzen ihres Verhaltens annehmen«, um auf Rawls' Formulierung zu reagieren. Wir haben es mit Subjekten zu tun, die die Konsequenzen fliehen, sie ablehnen und alles tun, um ihnen zu entgehen.

Es stimmt schon: Snowden, Assange und Manning haben nicht auf dieselbe Weise gehandelt, mit denselben Zielen und nach denselben Modalitäten. Dennoch ist klar, daß sich durch sie eine Verschiebung der politischen Bühne und der Einbruch einer neuen Weise des politischen Handelns vollziehen. Jeder von ihnen hat auf seine eigene Art und unter einem besonderen Blickwinkel eine Verschiebung mit Bezug auf die vorgeschriebene Figur des politischen Subjekts bewerkstelligt – und aufgrund dieser Tatsache fordern sie uns auf, bestimmte Fragen erneut zu politisieren. Das Subjekt, dessen Umrisse wir hier erkennen, konstituiert sich nicht als verantwortliches Subjekt, das öffentlich in der politischen Sphäre handelt. Es handelt entweder als anonymes Subjekt, das sich versteckt, oder als Subjekt, das das Gesetz nicht akzeptiert und seine eigene Zugehörigkeit zur Ordnung des Gesetzes nicht anerkennt.

Ich möchte gern die kritischen Wirkungen dieser Handlungsweisen herausschälen: Was bedeutet beispielsweise ein anonymes politisches Handeln? Warum erscheint uns das als ein Selbstwiderspruch? Auf welche Weise stellt dieser Modus der Selbstkonstitution als kämpfendes Subjekt die Art und Weise in Frage, wie der Begriff der Demokratie sich heute an eine bestimmte Idee des öffentlichen Raums, des kollektiven Ausdrucks anlehnt? Und was zeigt sich in einem umfassenderen Sinne in dem Wunsch nach Anonymität, der sich im Internet und auch jenseits oder außerhalb der Politik in Alltagshandlungen äußert?

Was bedeutet es andererseits, die Kunst der Revolte mit der Praxis des Exils, der Flucht zu verbinden – die hier mit der Ablehnung einhergeht, vor Gericht zu erscheinen? Wie soll man das Verhältnis verstehen, das zwischen einer politischen Handlung und einer Abwanderungspraxis besteht, die darauf hinausläuft, das Land oder die Nationalität zu wechseln? Was ist die politische Kraft dieser Praxis, und inwiefern stellt sie die spontanen Beziehungen in Frage, die die Einzelpersonen mit dem Gesetz, dem Staat, der Staatsangehörigkeit usw. knüpfen? Was können uns diese Arten der Subjektivierung über unsere gewöhnlichen Weisen lehren, Politik zu betreiben, sie begrifflich zu fassen – ja noch einfacher, uns selbst und unsere Verstrickung in die Welt und unsere Beziehungen zu den anderen zu denken?

III
Neue politische Subjekte

1
Anonymität, öffentlicher Raum und Demokratie

Eines der wesentlichen Merkmale von WikiLeaks, das Julian Assange immer wieder betont hat, besteht darin, sich auf eine Praxis der Anonymität zu stützen. Julian Assange hat aus diesem Element einen zentralen Punkt seiner Doktrin und seiner Weltanschauung gemacht. Die Bestimmung und der Grund für die Existenz von WikiLeaks liegen in dem Bestreben, einen Ort zu schaffen, der die Nicht-Nachverfolgbarkeit der mitwirkenden Personen garantiert. Die gesamte Struktur dieser Vereinigung zielt darauf ab, die Möglichkeit des verdeckten Handelns sicherzustellen. WikiLeaks funktioniert so, daß seine Mitglieder die Identität des »Whistleblowers«, der ihnen Dokumente unterbreitet, nicht kennen; mehr noch, sie haben selbst ihr technisches Unvermögen einer solchen Identifikation realisiert. Diese Absicht bedeutet einen Bruch mit der klassischen Ethik des Journalismus, die vorschreibt, daß Journalisten ihre Quellen kennen müssen, jedenfalls aber wissen müssen, um wen es sich handelt, auch wenn sie die Identität dieser Person nicht preisgeben – der traditionelle Journalismus verbietet als allgemeine Regel den Gebrauch von Informationen, die aus anonymen Quellen stammen.

WikiLeaks weiß beispielsweise nicht, ob es wirklich Chelsea Manning war, die die diplomatischen Telegramme und das Video »Collateral Murder« durchsickern ließ. In der Welt von WikiLeaks stellt sich diese Frage nicht und sollte sich auch nicht stellen. WikiLeaks, so Assange, »ist ein System, das man nicht zensieren kann, das ein massenhaftes Nach-Außen-Dringen von Dokumenten ohne Gefahr der Zurückverfolgbarkeit erlaubt«.[1] Kurz, es handelt sich um eine Website, die sich als ein geschützter Raum versteht, ein verborgener und verschlüsselter Raum – der jegliche Möglichkeit der Identifikation zum Scheitern verurteilen soll.

Die Kultur der Anonymität, die Vorstellung einer Politik und allgemeiner einer Praxis der Beziehung zu den anderen, die sich für das Subjekt, das sie betreibt, ohne die Möglichkeit des Identifiziertwerdens vollzieht, stehen im Zentrum dieses Raums von Auseinandersetzungen. Insbesondere bilden sie den Mittelpunkt einer Bewegung wie der von Anonymous. Man könnte sogar noch mehr sagen: Diese vielgestaltige, strukturlose Bewegung ist kein Kollektiv, das sich um eine konkrete politische Linie herum organisiert, sondern vielmehr um diese neue Art und Weise des anonymen Handelns. Man weiß nicht, woher der Protest kommt, wer handelt, und auch nicht, wer Teil der Gruppe ist, die sich virtuell zu einem bestimmten Zeitpunkt um diese oder jene Sache vereint. Diese Macht ist nicht identifizierbar. Infolgedessen kann sie auch nicht mit herkömmlichen »Bekenntnissen«, offiziellen »Wortführern«, beauftragten »Vertretern« usw. arbeiten.

In ihrem Buch bemerken Frédéric Badeau und Nicolas Danet, daß die Anonymität ein zentrales Element der Internetkultur ist, insbesondere anhand der Praxis der Avatare. Sie betonen ebenfalls, daß die Leute von Anonymous »sich im übrigen einen Heidenspaß daraus [machen], die

---

1 Frédéric Bardeau, Nicolas Danet, *Anonymous*, Paris, FYP Éditions, 2014, S. 99; dt.: *Anonymous: von der Spaßbewegung zur Medienguerilla*, übers. v. B. Schmid, Münster, Unrast, 2012, S. 84.

BeobachterInnen zu verwirren, indem sie die Spuren verwischen – wie in diesem Text, der auf einem ihrer wichtigsten Kommunikationskanäle verbreitet wurde, der Website ›anonews.org‹: ›Niemand spricht für Anonymous. Nichts ist offiziell. Kein Video. Keine Operation. Nicht einmal eine Presseerklärung, selbst wenn sie von einer unbekannten Zahl von Anonymous-AktivistInnen zu einer unbekannten Uhrzeit und an einem unbekannten Ort abgefasst und anonym online gestellt wurde, spricht im Namen von Anonymous.‹«[2]

Wahl

Diese Praxis der Anonymität und der Auslöschung von Spuren darf nicht so wahrgenommen werden, daß sie sich in eine schließlich doch recht gängige Tradition des Untergrunds einreiht. Ihre Funktion besteht nicht einfach darin, Sanktionen zu entgehen. Schließlich könnte man sich leicht einreden, daß Chelsea Manning verschlüsselt gehandelt hat, um nicht bestraft zu werden, um nicht Ziel der Repression zu werden, und nichts weiter. Genauso würden die Leute von Anonymous das Verwischen ihrer Spuren einsetzen, nämlich um ihre Handlungen, die sich häufig am Rande der Legalität befinden, durchführen zu können, ohne sich fürchten zu müssen.

Aber eine solche Wahrnehmung führt dazu, die Praxis der Anonymität zu entpolitisieren, und hindert daran, sie in ihrer Singularität und in dem, was sie hervorbringt, zu erfassen. Es gibt Rahmenbedingungen des politischen

2 Ebd., S. 113; dt.: S. 97.

Handelns, die unsere Wahrnehmungsmodi dieser oder jener Handlung als politische oder unpolitische ausrichten, als Handlung, die innerhalb des Rahmens der Demokratie steht oder nicht usw. Wenn man von der Anonymität sagt, daß sie eine Taktik darstellt, die gestattet, eine illegale Tätigkeit zu entfalten und gleichzeitig der Bestrafung zu entgehen, dann schließt man sie aus dem Bereich der Politik aus, dann bezeichnet man sie als negative Praxis, die von denjenigen übernommen wird, die die Anonymität praktizieren (weil es zu riskant wäre, anders zu handeln und sich nicht zu verstecken). Diese Einstufung verrät die Destabilisierung unserer Denkweisen; sie drückt die impliziten Erwartungen aus, die wir an das Subjekt der Politik herantragen. Wenn man die Anonymität mit der Verheimlichung verbindet, dann bleibt man von einer bestimmten Vorstellung der demokratischen Mobilisierung beherrscht, dann bildet man Erwartungen und kann die Einstellungen, die sich diesen Erwartungen entziehen, nur negativ verstehen – das heißt, man kann sie nur als einen Mangel erklären, als Ergebnis eines Zwangs oder eines Hemmnisses.

Was sich jedoch im Gefolge von WikiLeaks oder von Anonymous abspielt und was tatsächlich auch bei Chelsea Manning der Fall war, ist der Vorschlag, die Anonymität positiv zu verstehen. Es geht darum, sie *zu behaupten*, *sich zu diesem Existenzmodus zu bekennen*. WikiLeaks hat sich zum Ziel gesetzt, *die Vervielfachung politischer Subjekte zu ermöglichen, die anonym handeln*, und will *den jeweiligen Personen die technischen Mittel dazu an die Hand geben*. Und WikiLeaks versteht darunter ganz explizit das Herbeiführen einer radikalen Handlung und eine Transformation demokratischer Strukturen und der Sphäre der Politik. Ebenso soll bei Anonymous die Anonymität nicht allein für die politischen Handlungen gelten, sondern für die Gesamtheit der Aktivitäten im Internet, selbst für die alltäglichsten oder harmlosesten.[3]

Was geschieht, wenn das Subjekt der Politik anonym handelt und sich mobilisiert? Was wird dadurch umgewandelt? Gewiß könnte man sich ein abgewertetes Bild der anonymen Handlung machen, und tut das wohl auch spontan, indem man sie mit »Feigheit«, mit Denunzierung, mit einem Mangel an Mut usw. in Verbindung bringt. Aber könnte man nicht auch anders vorgehen und diese Begriffe von Feigheit, mangelndem Mut in Frage stellen? Was lehrt uns die Tatsache, eine Reihe von Handlungen so zu bezeichnen, über die impliziten Erwartungen, die wir im Hinblick auf die Politik und das kämpfende Subjekt hegen? Mit anderen Worten: Anstatt die Anonymität als »negative« Praxis zu thematisieren, ist es möglich, sie als ein Instrument aufzufassen, das uns gestattet, unsere Denk- und Handlungsrahmen zu hinterfragen. Der Typ der Praxis und der Typ der Subjektivierung, die durch die Form der Anonymität erfaßt werden, fungieren wie kritische Operatoren unseres Unbewußten, die uns die Mittel an die Hand geben, die gewöhnlichen Modalitäten der politischen Subjektivierung in Frage zu stellen und die Wirkungen der Macht zu Tage zu fördern, die sich durch sie auf uns erstrecken, ohne daß wir uns dessen bewußt sind.

---

3 Ebd., S. 99; dt.: S. 97.

Öffentlicher Raum und demokratischer Raum

In den liberalen Demokratien ist die Frage nach der Politik gleichursprünglich an die Frage nach dem öffentlichen Raum gebunden. Genauer wurde sie im Wesentlichen an das Problem des öffentlichen Erscheinens geknüpft: Sich als politisches Subjekt zu subjektivieren bedeutet, sich zu engagieren und sich öffentlich in das Spiel einzubringen; es bedeutet, den öffentlichen Raum zu betreten und *für alle sichtbar* ein Bekenntnis, einen Protest, eine Besorgnis zum Ausdruck zu bringen. Wenn ich das schreibe, mache ich mir nicht die von Habermas unterstützte Vorstellung des demokratischen Raums als Raum der Diskussion und der Deliberation zu eigen – die »deliberative Demokratie« –, in dem die geregelte Auseinandersetzung zwischen rationalen Individuen zur Bildung einer gemeinsamen Meinung führen soll.[4] Der öffentliche Raum ist ein Raum des Kampfes, der Konfrontation, der Auseinandersetzung – und die Beziehungen, die darin stattfinden, müssen als Kräfteverhältnisse und nicht als Kommunikationsverhältnisse gedacht werden. Aber was auch die Vorstellung sein mag, die man sich vom Raum der Demokratie macht, ob man ihn als Raum von Gegensätzen oder als Raum von Gesprächen beschreibt, so bleibt doch in beiden Fällen bestehen, daß er wie eine Bühne gedacht wird, auf der Subjekte erscheinen und wo Gruppen Beziehungen miteinander knüpfen.

4 Jürgen Habermas, *Faktizität und Geltung. Beiträge zur Diskurstheorie des Rechts und des demokratischen Rechtsstaats*, Frankfurt/M., Suhrkamp, 1992.

Die Verbindung, die wir zwischen der politischen Aktivität und dem Erscheinen eines Subjekts auf der sogenannten »öffentlichen« Bühne herstellen, erscheint in unseren Wahrnehmungsweisen und beispielsweise auch in den Formen der Klassifikation, die wir verwenden, um das Wesen von Handlungen zu unterscheiden, die im Gegensatz zum Gesetz stehen. Im Grunde wird das politische Engagement häufig als die Kehrseite von kriminellem Handeln aufgefaßt. In beiden Fällen ist ein Dissens gegenüber dem Gesetz Grundlage des Handelns. Aber während der Kriminelle dem Gesetz, mit dem er nicht übereinstimmt, zu entgehen versucht, indem er im Verborgenen und heimlich handelt, tritt das politische Subjekt seinerseits im öffentlichen Raum auf, stellt Forderungen und arbeitet öffentlich an der Umgestaltung der Rechtsordnung, mit der es im Konflikt steht. Zweifellos gibt es mehrere Möglichkeiten, seinen Dissens mit dem Rechtssystem zum Ausdruck zu bringen. Dennoch wird das Betreten des Bereichs der Politik grundsätzlich so gesehen, daß es das Erscheinen des Subjekts auf der öffentlichen Bühne verlangt.

So stellt sich beispielsweise Eric Hobsbawm in seinem Werk über die Banditen die Frage nach den Kriterien, die er verwenden könnte, um das, was er das »soziale« Banditentum nennt, das heißt jenes, das in die bäuerlichen Gemeinschaften integriert und Träger politischer Forderungen ist, vom »kriminellen« Banditentum zu unterscheiden, das sich auf gewöhnliche Aktivitäten außerhalb des Gesetzes (Raubüberfälle, Plünderungen usw.) bezieht. Es ist verblüffend festzustellen, daß Hobsbawm, um eine solche Unterscheidung durchzuführen, eine Problematik des öffentlichen Raums, der Sichtbarkeit und des Tageslichts mobilisiert. Der Kriminelle verbirgt sich, er handelt in der Nacht, im Dunkel, er lebt im Hintergrund. Der sozialpolitische Bandit versteckt sich dagegen nicht, er lebt im hellen Tageslicht und handelt vor den Augen aller.[5] Der Bandit ist sozial, und seine Handlungen sind politisch, wenn er seinen Kampf »ganz offen und öffentlich« führt.[6]

Unser Unbewußtes, wie es durch die Strukturen der liberalen Demokratien gestaltet wird, verknüpft Politik und Öffentlichkeit. Der politische Raum ist vor allem ein Raum, in dem das Subjekt mit den anderen in Kontakt tritt und für das einstehen muß, was es sagt und tut. Indem es sich vor den anderen präsentiert, verpflichtet sich das Subjekt auf seinen Namen, seine Unterschrift, seine Stimme: Es unterzeichnet eine Petition, es zeigt sein Gesicht, es macht auf seine soziale Situation und die Interessen aufmerksam, die sich darauf beziehen, es demonstriert usw.

Das Werk Hannah Arendts, und insbesondere *Vita activa*, bringt diese gleichursprüngliche Beziehung zwischen Politik, öffentlichem Raum und Subjektivität zum Ausdruck, eine Beziehung, die unser Verständnis des Raums der Demokratie begründet. Arendt definiert nämlich den öffentlichen Raum als den Raum, wo alles von allen gesehen und gehört werden kann.[7] Infolgedessen wird die Politik die Tätigkeit sein, die sich innerhalb dieser Sphäre entfaltet, wo Subjekte erscheinen und miteinander, im Kontakt mit den anderen, handeln, aber auch in der *Erwartung* der *Reaktion* der anderen auf das, was sie sagen und tun: »So ist die Polis genaugenommen nicht

---

5 Eric Hobsbawm, *Die Banditen*, übers. v. R. Weys und A. Wirthensohn, Carl Hanser Verlag, 2007, S. 193.

6 Ebd., S. 183.

7 Hannah Arendt, *Vita activa oder Vom tätigen Leben*, München, Piper, 2005, S. 62.

die Stadt im Sinne ihrer geographischen Lokalisierbarkeit, sie ist vielmehr die Organisationsstruktur ihrer Bevölkerung, wie sie sich aus dem Miteinanderhandeln und -sprechen ergibt; ihr wirklicher Raum liegt zwischen denen, die um dieses Miteinander willen zusammenleben, unabhängig davon, wo sie gerade sind.« Die Politik ist in diesem Sinne im Bereich des Erscheinens angesiedelt. Die *Polis*, so Arendt weiter, »ist der Erscheinungsraum im weitesten Sinne, der Raum, der dadurch entsteht, daß Menschen voreinander erscheinen, und in dem sie nicht nur vorhanden sind wie andere belebte oder leblose Dinge, sondern ausdrücklich in Erscheinung treten.«[8]

Diese Idee der Politik als gleichursprünglich mit einem öffentlichen Raum und vor allem mit einem Akt des Engagements auf einer öffentlichen Bühne verknüpft, das heißt auf einer kollektiven Bühne, die von anderen Subjekten bevölkert wird, leitet einen bedeutenden Teil der zeitgenössischen Theorie und der Art und Weise, wie sie ihre Fragen formuliert. Die Frage nach der Politik hat somit die Tendenz, im Ausgang von einer Problematik des Erscheinens, des Tageslichts, der Sichtbarkeit behandelt zu werden (woraus sich die Faszination an den Phänomenen der Versammlung auf Plätzen ergibt). Wie gelangt eine Bewegung zu ihrer Bildung? Nach welchen Modalitäten erscheint sie? Wer sieht oder hört sie? Welche Wirkungen, mögen sie nun dauerhaft sein oder nicht, bringen ihr Erscheinen und ihr Verschwinden hervor?

Bei Albert Hirschman zum Beispiel wurde das Erscheinen eines politischen Subjekts auf der öffentlichen Bühne nach dem Modell der Stimme – und damit des Hö-

---

8 Ebd., S. 249 f.

rens – gedacht. Im Gegensatz zur Teilnahmslosigkeit und zur Abwesenheit, die geräuschlose Weisen der Reaktion auf eine Unzufriedenheit darstellen, besteht die politische Tätigkeit darin, die Mittel dafür zu finden, öffentlich eine Stimme zum Ausdruck zu bringen, Forderungen im hellen Tageslicht zu stellen und damit einem Dissens Ausdruck zu verleihen. Politische Subjekte treten als solche in einem öffentlichen Raum auf, wenn ihr Dissens in das Register des Ausdrucks eintritt.[9]

In einem Text aus jüngerer Zeit mobilisiert Judith Butler ihrerseits nicht die Problematik der Stimme, sondern des Körpers – und daher nicht die Problematik des Hörens, sondern des Sehens. Die politische Bühne ist diejenige, auf der sich Körper versammeln und einen Ort einnehmen. Indem sie sich zusammenschließen, machen die Körper sich selbst sichtbar und dadurch auch die Bildung eines »politischen Körpers«. Die Politik schreibt sich in eine Problematik der Erscheinung des Selbst ein, des Engagements des eigenen Körpers auf der Straße, der Manifestation eines »wir«, das sich sichtbar macht und als Volk auftritt, indem es den öffentlichen Raum, die »Plätze«, einnimmt.[10]

Ob sie im Sinne der Äußerung einer Stimme oder der Erscheinung eines Körpers formuliert wird – die Analyse der politischen Aktivität bleibt von der Problematik des

9 Albert Hirschman, *Abwanderung und Widerspruch*, übers. v. L. Walentik, Tübingen, Mohr Siebeck, 2004.

10 Judith Butler, »So What Are the Demands? And Where Do They Go from Here?«, *Tidal. Occupy Theory Occupy Strategy*, Nr. 2, März 2012. Siehe auch »Bodies in Alliance and the Politics of the Street«, Vortrag, gehalten 2011 in Venedig, http://www.eipcp.net/transversal/1011/butler/en.

öffentlichen Raums und der Beziehung zu den anderen dominiert: Die Politik ist eine Sache der Besetzung eines Medien- oder eines physischen Raumes. Dieses Einbringen des Selbst, des eigenen Namens, der eigenen Stimme, des eigenen Körpers, diese »Veröffentlichung« seiner selbst als kämpfendes Subjekt fungiert als Definition der politischen Handlung. Der Figur des Staatsbürgers, der sich ausdrückt, der Forderungen stellt, der demonstriert, der sich schlägt, wird so stillschweigend die Figur des Individuums entgegengesetzt, das flieht oder schweigt, das schweigend die Ordnung der Dinge akzeptiert, das heimlich das Gesetz übertritt usw.

Anonym sein

Und wenn wir es im Umfeld von Anonymous oder bei einer Vereinigung wie WikiLeaks mit dem Entstehen einer Praxis zu tun haben, die dieses Dispositiv in Frage stellt – die nicht nur die herkömmliche Verknüpfung zwischen Politik, Subjekt und öffentlichem Raum destabilisiert, sondern auch noch gestattet, deren Funktionsweise, Grenzen und Ungedachtes zu hinterfragen? Der Einbruch von Subjekten, die anonym handeln wollen, gebiert andere politische Praktiken als die gewohnten und etablierten. Wir haben es hier mit der Forderung nach einem Anderssein zu tun – mit einer Bewegung der Destabilisierung der demokratischen Herrschaftsordnung in ihrer gegenwärtigen Funktion, die wir berücksichtigen und deren Konsequenzen wir ableiten müssen.

Die Praxis der Anonymität ermöglicht politisches Handeln, ohne daß man sich als identifizierbares Subjekt darstellt. Das anonyme Subjekt tritt nicht als ein Subjekt auf, das erscheint: Im Gegenteil bewerkstelligt es seine Unsichtbarkeit; es löst sich als öffentliches Subjekt auf. Wenn es etwas anprangert, wenn es eine Website blockiert, wenn es hackt, wenn es »demonstriert« – falls dieses Wort in diesem Kontext überhaupt noch einen Sinn besitzt, und folglich sehen wir, daß es hier darum gehen wird, das Vokabular der Politik selbst neu zu erfinden –, handelt es, hält Reden, läßt Aussagen zirkulieren, aber ohne daß man diese Akte einem Individuum zuweisen könnte, das sie begeht oder sich zu ihnen bekennt, ohne daß man wissen könnte, woher die Kritik kommt und wer sie ausspricht – das heißt ohne daß das Subjekt sich öffentlich zu seinen Handlungen und Reden bekennt. Der Autor der Reden oder Akte löscht sich aus. Er ist unzuweisbar. Er bleibt geheim, verborgen, unsichtbar und tritt infolgedessen auch nicht in Kontakt mit anderen Subjekten. Sichtbar und öffentlich sind nur die Akte und die Wirkungen ihrer Mobilisierung.

Eine Handlung kann also politisch sein, obwohl sie individuell, anonym und geheim ausgeführt wird (das haben wir bei Chelsea Manning gesehen). Sie kann natürlich auch kollektiv ausgeführt werden – wenn die Mitglieder von Anonymous beispielsweise eine Website attackieren. Aber selbst in diesem Fall haben wir es mit einer Neudefinition des Begriffs der sozialen Bewegung zu tun. Der Protest ist zwar kollektiv, aber es gibt keine Versammlung einer Gruppe. Die Handlung wird individuell ausgeführt, von Personen, die jeweils für sich handeln, in der Verborgenheit eines Büros, einer Wohnung. Die »Bewegung« läßt sich auf ein Nebeneinander individueller Handlungen zurückführen, die getrennt durchgeführt werden – und steht daher nicht im Zeichen der »Verschmelzung«:

Sie entsteht im Kampf, im Augenblick des Kampfes, und verschwindet, sobald die Handlung beendet ist. Was hier entsteht, ist ein politisches Handeln, das sich ohne Bezug auf die Bildung eines »Wir« entfaltet.

Die Anonymität ermöglicht die Entkoppelung der Problematik der Politik – und der Demokratie – von der Problematik des öffentlichen Raums. Das Subjekt protestiert, mobilisiert sich, aber ohne zu erscheinen – das heißt, ohne sich als Subjekt ins Spiel zu bringen, ohne sich den anderen gegenüber im öffentlichen Raum als politisch handelnde Person zu präsentieren und folglich ohne eine Bühne zu betreten, die durch Beziehungen zu anderen, durch Aufforderungen, durch Konfrontationen usw. gewoben und gesättigt ist. Es handelt, indem es eine Trennung zwischen seiner Handlung und sich selbst vollzieht. Mit anderen Worten, die Möglichkeit, politisch zu handeln, ohne öffentlich zu handeln, zeigt, daß es im Gegensatz zu dem, was die politische Theorie postuliert, keinen Grund gibt, Politik und Öffentlichkeit aneinanderzubinden. Daher müssen wir uns die Frage nach dieser herkömmlicherweise vorgenommenen Identifikation stellen, nach den Gründen, aus denen wir sie eingeführt haben, und was sie uns über unser Ungedachtes enthüllt.

Die Anonymität ermöglicht die Konzeption eines anderen Verhältnisses des Subjekts zum Handeln. Wenn wir verstehen, was das Neue ist, das sich in der Form der Anonymität vollzieht, dann verschaffen wir uns die Mittel, um über die Grenzen der Herrschaftsform nachzudenken, die die Politik der Demokratie auf die Begriffe der öffentlichen Rede, der Versammlung, des Erscheinens oder der Demonstration zentriert – das heißt das zeitgenössische Dispositiv der Politik zu hinterfragen. Welche neue politische Bühne bringt der Einbruch der Praxis der Anonymität praktisch mit sich? In welchem Gegensatz steht diese neue Bühne zu der Bühne, die wir kennen und innerhalb welcher wir uns entwickeln und ausdrücken? Der beinahe durchgängige Gebrauch bestimmter Begriffe im Bereich der Philosophie oder der Sozialwissenschaften, um die Politik zu charakterisieren (wie »Ausdruck«, »Stimme«, »kollektive Mobilisierung«, »öffentlicher Raum« usw.) neigt dazu, eine recht besondere Vorstellung des Raums der Demokratie zu bekräftigen und festzuschreiben, eine Vorstellung, die keineswegs neutral oder selbstverständlich ist und die dazu beiträgt, Wirkungen der Macht und der Zensur auszuüben.

Den Zugang zum Raum des Protests demokratisieren

In einem der wenigen Aufsätze, die diesen Fragen gewidmet sind, mit dem Titel »You Have No Sovereignty Where We Gather«, analysiert der Ökonom und Jurist Balázs Bodó die politischen Konsequenzen der Praxis der Anonymität.[11] Sein Text bezieht sich zwar auf die Mobilisierung im Internet, aber man kann auch weiter reichende Lektionen daraus ziehen. Bodó untersucht die Anonymität, wie sie beispielsweise WikiLeaks betreibt. Er zeigt, wie Julian Assange diesem technischen Potential durch WikiLeaks eine neue Bedeutung und Radikalität gegeben hat.

Bis zu WikiLeaks blieb Bodó zufolge die Anonymität eine Praxis von »Outsidern«: Sie ermöglichte Personen,

11 Balázs Bodó, »You Have No Sovereignty Where We Gather«.

die in der sozialen Welt verstreut und unzufrieden mit der Funktionsweise einer Institution, eines Unternehmens oder eines Staats sind, ihre Opposition dadurch zu zeigen, daß sie Computerattacken organisieren, insbesondere die berüchtigten Denial-of-Service-Attacken, die darauf abzielen, eine Website zu überlasten, damit sie zeitweise nicht verfügbar ist.

Diese Art des Protests stellt eine Transposition im virtuellen Raum der klassischen Formen des kollektiven Handelns dar: Demonstration, Blockade, Sit-in etc. Das Ziel ist nämlich, eine Website zu blockieren, wie man einen physischen Standort blockiert – einen Bahnhof, einen öffentlichen Platz usw. Deshalb weist diese Mobilisierung eine gewisse Kontinuität mit Bezug auf das traditionelle Repertoire des kollektiven Handelns auf, auch wenn man hier schon die Besonderheit der Anonymität und der Verstreutheit der Teilnehmer am Werk sieht. Übrigens besteht eine der großen zeitgenössischen juristischen Herausforderungen darin, den Aktivisten, die diese Operationen durchführen, denselben juristischen Schutz zuzugestehen wie den, den die Demonstranten im Raum der Straße genießen – da diese Art der Intervention im virtuellen Raum heute kriminalisiert wird und Mitglieder von Anonymous manchmal verfolgt und zu jahrelangen Gefängnisstrafen verurteilt werden.

Die historische Bedeutung von WikiLeaks besteht darin, etwas Neues beigetragen zu haben, das heißt einen anderen Gebrauch der Anonymität, einen radikaleren und einfallsreicheren, entworfen zu haben. Julian Assanges Organisation hat sich nämlich zum Ziel gesetzt, das Potential dieser Technologien zu nutzen, um neue Möglichkeiten des Aufbegehrens zu schaffen und somit neue politische Subjekte entstehen zu lassen. Sie hat eine Verbindung zwischen der Problematik der Anonymität und dem Problem der Informationslecks und der Enthüllungen hergestellt, indem die Unmöglichkeit der Rückverfolgung sichergestellt wird. Sie ist technisch nicht in der Lage, die »Identität« der Personen zu kennen, die ihre Dienste benutzen, um dort Informationen abzulegen. Infolgedessen, schreibt Bodó, besteht das Ziel von WikiLeaks tatsächlich darin, all diejenigen in die Politik eintreten zu lassen, die er den »Outsidern« entgegenstellt: die »Insider«. Es geht darum, Personen, die einer Institution angehören und deren Mitglieder sind, die Möglichkeit zu geben, politisch gegen diese Institution zu handeln. Die Funktion der Anonymität ist es, den *Insidern* die Mittel zu geben, Informationen aus der Institution an die Öffentlichkeit gelangen zu lassen.

Wenn es stimmt, daß die Praxis der Anonymität in erster Linie als ein Schutz gedacht werden kann, als ein Rahmen, der es den Insidern gestattet, in den Raum des Ausdrucks von Gedanken einzutreten, das heißt Personen, für die der Zugang zu diesem Raum zuvor de facto beschränkt war, dann müssen wir uns die Frage stellen, in welchem Maße die Idee der Demokratie, wie sie heutzutage gang und gäbe ist, umgekehrt Wirkungen der Zensur hervorbringt. Warum wollen oder müssen manche Subjekte anonym handeln? Aus welchen Gründen kann es ein Verlangen nach Anonymität geben? Oder, um es anders zu sagen: Inwiefern könnte das öffentliche Auftreten ein Problem für sie darstellen? Wenn es die Forderung nach Anonymität gibt, den Willen, eine Möglichkeit zu solchem Handeln anzubieten, dann vielleicht zu dem Zweck, Verbots- oder Begrenzungsmechanismen zu umgehen, die wesentlich zur Funktion der zeitgenössischen Politik gehören?

Wenn man eine Beziehung der Notwendigkeit zwischen der Politik und dem öffentlichen Raum herstellt und damit von dem sich mobilisierenden Subjekt verlangt, vor den anderen zu erscheinen, dann scheint man der politischen Tätigkeit Bedeutung zuzuweisen, indem man aus ihr einen der wesentlichen und angesehenen Schauplätze des menschlichen Handelns und seiner Leistung macht. Aber in Wirklichkeit begrenzt dieses Dispositiv das Konfliktgeschehen und den Protest. Der Begriff des »Engagements« bringt das Ungedachte, das in unserer Vorstellung von politischer Aktivität am Werk ist, gut zum Ausdruck. Im Grunde geschieht alles implizit so, als ob die Politik diejenigen, die sich engagieren, etwas kostet. Wir neigen weitestgehend dazu, die Vorstellung zu akzeptieren, der zufolge eine politische Praxis, die diesen Namen verdient, mit dem Eingehen eines Risikos für das Subjekt verbunden ist, das sie vollzieht – und der zufolge umgekehrt die Tätigkeit des Subjekts, wenn es kein Risiko eingeht, weniger respektgebietend, vielleicht auch weniger radikal, weniger ehrlich oder sogar feige ist. Wenn man die Politik an die Frage nach dem öffentlichen Raum knüpft, wenn man eine Beziehung zwischen der Praxis der Demokratie und der Einrichtung einer Sphäre herstellt, in der man sich in einem Verhältnis zu anderen engagiert, begründet man eine Form von *Pathos* der Politik: Der Protest würde erfordern, daß man sich selbst in Gefahr bringt, daß man seinen Körper zeigt, seine Identität preisgibt usw. Das Subjekt sollte seinen Namen, seinen Körper einbringen, von allen gesehen werden und identifizierbar sein. Kurz, es gibt hier eine implizite Vorstellung der Politik als einer dramatischen, anstrengenden, ehrfurchtgebietenden Szene.

Es ist diese Szenografie, diese Vorstellung der Politik

als fast schon ein Opfer, die die Praxis der Anonymität in Frage stellt. Der anonyme Aktivist verkörpert den Wunsch, sich von diesem Pathos der Politik zu befreien (von dem Joan W. Scott mit Bezug auf die Geschichte der Frauen gezeigt hat, daß es die Stütze für eine phantasmatische Identifikation mit Figuren oder Szenen aus der Vergangenheit sein konnte).[12] Er verschafft sich die Mittel zum Handeln, aber ohne für sich die Handlungsmodi zu übernehmen, die die politische Bühne als etwas Feierliches darstellen, was viele Theoretiker manchmal zu billigen scheinen oder wozu sie gar beitragen und so einen Mythos aufrechterhalten, den sie nie hinterfragen.

Die Anonymität hat die Funktion, die objektiven und psychischen Kosten der Politik zu senken. Das hindert natürlich nicht daran, daß man identifiziert und bestraft werden kann – und tatsächlich zielen ja auch heftige staatliche Repressionen auf die Aktionen ab, die von den Mitgliedern von Anonymous durchgeführt werden. Aber ich interessiere mich hier für die Bestrebungen, die den Rückgriff auf die Praxis der Anonymität erklären, und für die Art und Weise, wie sie zur Erfindung einer neuen politischen Subjektivität und einer neuen Bühne der Politik in Beziehung stehen (wobei die Repression übrigens, wie wir noch sehen werden, als eine Reaktion auf die Destabilisierung, die durch diesen Einbruch neuer Aktionsmodi hervorgebracht wird, erklärt werden kann).

Intervenieren, ohne zu erscheinen, bedeutet, daß man sich gegen die Risiken wappnet, denen man durch das Engagement ausgesetzt ist – beispielsweise ganz einfach

---

12 Joan W. Scott, »Écho-fantasme: l'histoire et la construction de l'identité«, in: *Théorie critique de l'histoire*, Paris, Fayard, 2008, S. 127-177.

das Risiko, gerügt, degradiert, entlassen zu werden usw. Die Politik, wie sie in ihren herkömmlichen Dispositiven funktioniert, erlegt dem Subjekt, das sich engagiert, Kosten auf. Daher stellt sich eine wichtige Frage: Warum sollte die Politik (mich) etwas kosten? Warum sollte ich mich für eine Sache engagieren? – Oder genauer, warum sollte eine Sache mich *in Anspruch nehmen*? Ich bin nicht verantwortlich für die Fehlfunktionen, die ich anprangere. Im Grunde laufen die Einrichtung einer Bühne, auf der der Protest für das Subjekt mit Kosten verbunden ist oder sein sollte, und der Angriff auf jene, deren Einsatz für eine Sache »feige« oder nicht hinreichend belastend sei, darauf hinaus, die Loyalität oder den Konformismus als normale, unproblematische Situationen aufzufassen und den Dissens umgekehrt als eine *Wahl*, für die ich die *Verantwortung* übernehmen sollte. Warum hätte beispielsweise Chelsea Manning öffentlich erscheinen und ihre Laufbahn in der Armee, Repressalien usw. riskieren sollen, als sie die Zunahme von illegalen Verstößen innerhalb der Armee festgestellt hat? Sie ist für diese Fehlfunktionen nicht verantwortlich. Die Einrichtung eines Dispositivs, in dem das politische Handeln notwendig eine solche Form annehmen sollte, daß die handelnde Person verpflichtet und verstrickt wird, läuft darauf hinaus, diese Person zu zwingen, ein objektives oder subjektives Risiko für etwas auf sich zu nehmen, wofür sie nicht verantwortlich ist.

Die Praxis der Anonymität zeigt, daß die Idee der Demokratie, wie wir sie kennen und betreiben, Wirkungen der Zensur und Verknappung sprechender Subjekte hervorbringt und die Fähigkeit mancher Subjekte zum politischen Handeln behindert. Wenn man Politik und Öffentlichkeit miteinander verbindet, wenn man die Bühne der

Politik als eine dramatische Bühne des Erscheinens, der Konfrontation, der kollektiven Mobilisierung versteht, errichtet man eine Ordnung, die für eine ganze Menge von Personen die Möglichkeit einschränkt, das Wort zu ergreifen, sich auszudrücken, zu handeln. Das Handeln ist zu riskant, zu kostspielig. Das Dispositiv der Anonymität soll dagegen gestatten, das Rederecht umzuverteilen, indem die Kosten der Politik gesenkt werden – mehr noch, indem die Idee aufgelöst wird, der zufolge die Politik die Handelnden etwas kosten müsse. Bei den Bewegungen, die die Anonymität fordern, ist so etwas wie der Anspruch am Werk, die Prinzipien der Demokratie zu radikalisieren, indem man die Weisen des Zugangs zur Politik ändert, indem man die Bühne der Politik umgestaltet, das heißt indem man bestimmte nichtdemokratische Hindernisse beseitigt, die mit der Vorstellung, die man sich von der Demokratie macht, fest verbunden sind. Chelsea Manning konnte nur dank der Anonymität existieren. Die Anonymität hat sie existieren lassen, hat sie möglich gemacht. Die Anonymität ist eine Technik, die die Schaffung von Chelsea Manning ermöglicht hat – das heißt, die in der Lage ist, protestierende politische Subjekte zu konstituieren.

Die Destabilisierung der Institutionen

Wenn die Anonymität die Zugangsbedingungen zur Demokratie demokratisiert, dann nicht nur deshalb, weil sie einige der Zensurmaßnahmen, die von den Dispositiven der traditionellen Politik ausgeübt werden, aufhebt, sondern auch, wie mir scheint, weil die Möglichkeit des anonymen Handelns einen Bruch in das Spiel der Beziehungen zwischen Politik und Identität einführt: Sie gestattet den Individuen, die sich nicht als »politisiert« verstehen, trotzdem eine Protestaktion durchzuführen.

Wenn die Politik sich aufgrund des Erscheinens des Selbst im öffentlichen Raum entfaltet, erzeugt sie die Bildung einer bestimmten sozialen Identität, einer bestimmten Art und Weise, von den anderen gesehen zu werden und sich mit den anderen zusammenzuschließen. Es ist kein Zufall, wenn die zeitgenössische politische Aktivität weitestgehend eine Sache von mobilisierten, aktiven und eigens zu diesem Zweck konstituierten Gruppen (Gewerkschaften, Verbände usw.) ist. Wenn sich das Subjekt engagiert, tritt es in eine öffentliche Rolle ein, wird als Aktivist wahrgenommen und als solcher von den anderen *aufgefaßt*. Das mündet in Prozessen der Kristallisierung und Verfestigung der Identität durch das Spiel der Interaktion zwischen der Art und Weise, wie die anderen es sehen, und der Art und Weise, wie es sich selbst sieht: Der »öffentliche« Charakter der öffentlichen Sphäre erklärt, was man als Institutionalisierung des Raums des Protests bezeichnen kann, das heißt die Tatsache, daß es im demokratischen Kampf spezialisierte Akteure gibt, die ihn gleichzeitig mit Leben erfüllen und monopolisieren.

Eine der Kräfte des Dispositivs der Anonymität besteht darin, umgekehrt eine Art von sozialer Entflechtung des Akts des Engagements zu bewirken: Die politische Aktivität verlangt nicht mehr, identifizierbar zu sein; sie mündet nicht mehr in einer stabilen Identität, die man vor den anderen annehmen muß – zum Beispiel gegenüber seinen Vorgesetzten, seinen Kollegen, seinen Freunden, seiner Familie usw. Die Tatsache, daß man Aktivist ist, stellt keine sichtbare Eigenschaft mehr dar: Die politische Handlung wird provisorisch; sie verpflichtet nicht. Die Anonymität gibt isolierten Individuen, die weder eine bestimmte Parteiausrichtung noch eine wohlbegründete politische Zugehörigkeit haben, die Mittel, sich trotzdem zu einem bestimmten Zeitpunkt für den Protest gegen die Institutionen zu entscheiden, denen sie angehören, indem sie Informationen durchsickern lassen. Sie ermöglicht Personen, die sich nicht selbst als Oppositionelle, Radikale oder Aktivisten verstehen oder die sich nicht so verstehen wollen, in den Raum der Politik des Protests einzutreten.

Dieses Dispositiv verändert das Wesen und die Form der Protestaktivität. Da sich diese von jedem für sich und unsichtbar durchführen läßt, kann sie auch zu einer vorübergehenden und fragmentarischen Praxis werden: Ein Subjekt kann sich mit Bezug auf einen bestimmten Punkt mobilisieren und ansonsten zugleich völlig mit der Institution übereinstimmen. Die Anonymität gestattet, daß das Subjekt nicht in sein Handeln verstrickt ist (oder jedenfalls nicht völlig). Ihretwegen läßt sich beispielsweise der Ursprung von Informationslecks nicht identifizieren. Daher kann der Protest von überall her und zu jedem Zeitpunkt auftreten, ohne daß man herausfinden könnte, woher er kommt, und ohne ihn voraussehen zu können. *Jedermann* kann zur einen oder anderen Zeit daran teilnehmen. Es gibt keine Orte der Mobilisierung mehr noch auch Organisationen, die eindeutig gekennzeichnet sind als die Verkörperung von Instanzen, von denen die Proteste ausgehen werden (wie beispielsweise die Gewerkschaften).

Was sich im Grunde mit dem Auftreten dieser neuen Figuren der Politik, die Anonymous sind oder die Person, die nach dem Vorbild von Chelsea Manning heimlich Informationen via WikiLeaks einstellt, vollzieht, ist ein Prozeß der Umverteilung und der Verstreuung der Orte des Protests. Dieses Phänomen ist in der Lage, sehr mächtige Wirkungen der Destabilisierung hervorzubringen, und zwar zugleich mit Bezug auf die Funktion der Macht in den zeitgenössischen Gesellschaften, mit Bezug auf das Verhältnis von Einzelpersonen zu Institutionen und mit Bezug auf die Prozesse der Loyalität.

Verstreuung

Wie Didier Eribon gezeigt hat, müssen wir, wenn wir die Augenblicke des Umsturzes, die Orte, an denen etwas Umstürzlerisches geschieht, erfassen wollen, uns immer die Phänomene ansehen, die die Grenzen zwischen dem Innen und dem Außen verschieben, zwischen dem Zentrum und dem Randbereich, zwischen dem »Konventionellen« und dem »Protesthaften«.[13] Nun besteht aber die Besonderheit der Praxis der Anonymität gerade darin, daß sie in der Lage ist, jedes Mitglied einer Institution zu einer Person zu machen, die *potentiell* gleichzeitig oder wahlweise *in* und *out*, konform und politisiert sein, die Institution unterstützen oder gegen sie protestieren kann.[14] Diese Situation schwächt die Institutionen zweifellos viel stärker als die rituellen Auseinandersetzungen zwischen ausgewiesenen Partnern nach kodifizierten Verfahrensweisen. Wenn das Entstehen der Anonymität die Tatsache begünstigt, daß der Protest von überall her, zu jeder Zeit und von jeder

---

13 Didier Eribon, *De la subversion. Droit, norme et politique*, Paris, Cartouche, 2010.

14 Balázs Bodó, »You Have No Sovereignty Where We Gather«, S. 6.

Person kommen kann, dann sieht man ein, daß er eine Bewegung der Erweiterung der Formen des Protests erzeugen, einen Prozeß der Entinstitutionalisierung der Politik und vielleicht dadurch auch die Freisetzung und Vermehrung der Energien des Protests auslösen könnte.

(Es ist übrigens frappierend festzustellen, daß zahlreiche Regierungen, Unternehmen oder Verwaltungen seit einigen Jahren Regelungen annehmen, die den »Whistleblowern« unter der Bedingung Schutz versprechen, daß diese die Machenschaften, deren Zeuge sie eventuell sind, anprangern, indem sie innere Kanäle der jeweiligen Organisation benutzen – das heißt sich an einen ausgewiesenen Dienst wenden. Diese Anordnungen haben die Funktion, die Weitergabe durchgesickerter Informationen an Vereinigungen wie WikiLeaks aufzuhalten. Sie zeigen, daß es heute eine ganze Reihe von Versuchen gibt, um die traditionellen Bahnen des Protests und der kritischen Wortergreifung wiederherzustellen.)

Duplizität

Man könnte die Kraft der Destabilisierung, die die Form der Anonymität enthält, auch anders beschreiben, indem man sich nicht auf den Standpunkt der Institution stellt, sondern auf den des Subjekts. Die Tatsache, daß das Subjekt anonyme politische Aktionen gegen eine Organisation durchführen kann, obwohl es ihr angehört, stellt die psychische Ordnung in Frage, auf der die Institutionen beruhen und durch die sie ihren Einfluß geltend machen.

Die Reflexion auf die Funktionsweise der gesellschaftlichen und politischen Ordnung und auf ihre Reproduktion hat deutlich die Bedeutung des Spiels von Techniken gezeigt, die darauf abzielen, eine subjektive Identifikation der Individuen mit den Institutionen zu erzeugen, denen sie angehören. Was Michel Foucault »Unterwerfung« (*asujettissement*) nennt, bezeichnet jene Mechanismen, deren Zweck darin besteht, daß die Individuen das Verhältnis, das sie zu sich selbst haben – die Art und Weise, wie sie sich selbst sehen –, an die Art und Weise binden, wie die Institutionen sie sehen und betrachten.[15] Wir sind so gemacht, daß wir dazu neigen, auch subjektiv den Institutionen anzuhängen, denen wir objektiv angehören, indem wir einer Reihe von Erzählungen, Selbst- und Fremdbildern, Werten usw. anhängen. Jede Institution funktioniert aufgrund von Operationen der »Identifikation«.

Aber könnte die Praxis der Anonymität nicht eine Kraft verkörpern, die diesen Mechanismus der Eingliederung bremst? Einen Avatar oder ein Pseudonym zu haben, auf verborgene Weise intervenieren zu können, gestattet die Kultivierung einer Art von Widerspenstigkeit gegenüber den Institutionen, denen man angehört. Das einfache Bestehen der Möglichkeit, gegen die Institution zu protestieren, deren Mitglied man ist, ermöglicht widersprüchliche Praktiken der Loyalität, die potentiell konfliktträchtig sind. Im Grunde will eine Vereinigung wie WikiLeaks einen neuen Typ von Subjektivierung hervorbringen: eine *gespaltene* Subjektivierung. Es geht darum, den Individuen die Mittel zu geben, gleichzeitig zu einer Institution zu gehören und anonym an Aktivitäten beteiligt zu sein, die Werte fördern, welche im Gegensatz zu dieser Institution

---

15 Michel Foucault, *Mal faire, dire vrai. Fonction de l'aveu en justice*, Louvain, Presses universitaires de Louvain, 2012.

stehen oder sie anfechten. Die Anonymität gestattet dem Subjekt, einer Institution anzugehören, während es zugleich eine Form der Exteriorität ihr gegenüber unterhält. Sie ermöglicht die Kultivierung von Formen der *Duplizität*. Infolgedessen könnte die Anonymität dafür wie eine Schnittstelle fungieren, die dem Subjekt die Möglichkeit bietet, sich selbst zu erhalten, eine Art von psychischem Schutz gegenüber der Institution zu wahren, sich nicht mit ihr zu identifizieren, in anderen Welten und für andere Praktiken engagiert zu bleiben, während es zugleich dieser angehört. Weit entfernt davon, der Feigheit ähnlich zu sein, wäre die anonyme Aktion der Ausgangspunkt einer Schule der Widerspenstigkeit, der Klarheit. Indem sie die Mittel zur Verfügung stellt, gleichzeitig mehreren geistigen Welten anzugehören, ermöglicht sie es, die einen gegen die anderen auszuspielen und dadurch eine Arbeit der Entidentifikation und der Entstrickung von sich mit Bezug auf die Institutionen zu vollziehen, zugunsten einer freieren, stärker gewählten Praxis – einer solchen, die vom psychischen Einfluss äußerer und willkürlicher Zwänge stärker emanzipiert ist. Die Anonymität wäre dann der Name einer Technik der Aufhebung der Unterwerfung (*désasujettissement*).

Die Konflikthaftigkeit behaupten

Ich möchte diese Untersuchung dessen, was bei der Erfindung eines anonymen politischen Subjekts auf dem Spiel steht und was das Verlangen und die Forderung nach Anonymität bedeuten könnten, durch eine Reflexion auf die Form der demokratischen Aktivität selbst und die soziale Konflikthaftigkeit abschließen. Die Anonymität führt nicht nur zu einer Vervielfältigung der Orte des Protests. Dieses Dispositiv kann auch die Form des Raums der Demokratie neu definieren, das heißt die Art und Weise, wie wir uns diesen Raum vorstellen und wie wir die Beziehungen denken, die wir darin knüpfen können. Im Willen, politisch und anonym zu kämpfen, gibt es einen Willen, eine neue Konzeption der Politik und des Protests aufleben zu lassen.

Man schenkt der Tatsache ziemlich wenig Aufmerksamkeit, daß, wenn man die Politik nach dem Modus des öffentlichen Erscheinens denkt, vorausgesetzt wird, daß jede Protestaktion sich notwendigerweise auf die Einrichtung einer Sphäre der Interaktion mit denen gründen muß, gegen die ich mich zu schlagen habe. Wenn man die Politik als einen Moment bezeichnet, in dem das Subjekt sich als sichtbares darstellt, in dem es erscheint, in dem es eindringt, dann bedeutet das, daß man in Wirklichkeit die Politik in die Ordnung der Relationalität hineingestellt hat. Sich individuell oder kollektiv als politisches Subjekt darzustellen, würde notwendig bedeuten, eine Beziehung zu den anderen herzustellen. Arendt zufolge ist es die Herstellung dieser Beziehung selbst, das heißt die Verwandlung von etwas Privatem in etwas Öffentliches, mit dem Risiko, das diese Verwandlung einschließt, was den Moment ausmacht, in dem die Politik geboren wird.[16]

Natürlich kann die Beziehung zum anderen mehrere Formen annehmen. Sie kann eine Beziehung des Gesprächs, der Kommunikation sein oder eine Beziehung des Konflikts, der Konfrontation. Auf welche Weise man sich auch immer diese Szene vorstellen mag – im Sinne

16 Hannah Arendt, *Vita activa*, 62-65.

eines Gesprächs oder des Kriegs –, ist doch die Bindung der Politik an das Erscheinen des Selbst im öffentlichen Raum immer die Verknüpfung der Politik mit dem Erscheinen des Selbst gegenüber den anderen, was bedeutet, daß man als Bedingung des politischen Handelns eine Form der Unterwerfung den anderen gegenüber postuliert. Das Zur-Schau-Stellen des eigenen Körpers auf der Straße, der Ausdruck der eigenen Stimme stellen ebenso viele Akte dar, durch die ich mich faktisch an den anderen wende: ich spreche ihn an, ich provoziere seine Reaktion, ich gebe mich als jemand zu verstehen, der auf ihn wartet usw. Indem es die Sphäre der Politik betritt, tritt das Subjekt hier gleichzeitig in eine intersubjektive Sphäre ein. Kurz, es stellt einen Kontakt, eine Bindung her.

In seinem Text über den Streit hebt Georg Simmel demgemäß hervor, daß die politischen Kämpfe kein Moment des Bruches zwischen den sich gegenüberstehenden Parteien darstellen, und zwar entgegen dem Anschein und dem, was die oberflächlichen Deutungen vorgeben, die von den reaktionären Autoren entwickelt wurden. Sie stellen kein Moment der »Entzweiung« dar, die das kennzeichnen würde, was die Konservativen eine »Krise« der »gesellschaftlichen« Bindung nennen. Im Gegenteil verkörpern sie ein Moment der Integration, da das kämpfende Subjekt, wenn es sich in den Raum des Protests begibt, sich in Wirklichkeit an seinen Gegner wendet und deutlich macht, daß es von ihm eine Antwort erwartet: Es zeigt, daß es ihn anerkennt, daß es ihn als Gesprächspartner ansieht, daß es mit ihm verhandeln wird usw.[17]

17 Georg Simmel, »Der Streit«, in: *Soziologie. Untersuchungen über die Formen der Vergesellschaftung*, Frankfurt/M., Suhrkamp, 1992.

Simmels Analyse ist nicht kritisch. Dennoch gestattet sie, die Paradoxien der traditionellen politischen Aktion und ihre impliziten Grundlagen zu verstehen. Wenn das Subjekt öffentlich einen Streit entwickelt, wenn es sich öffentlich so darstellt, daß es sich im Konflikt mit einer anderen Gruppe oder Institution befindet, begibt es sich faktisch in das Register der Ansprache; es richtet eine Szene des Dialogs ein. Infolgedessen verhält es sich so, als ob man gerade in dem Moment, wo man einen Konflikt heraufbeschwört, ihn verschleiern müßte – oder besser, als ob man einen Konflikt nur unter der Bedingung akzeptieren könnte, daß die Gegensätze, die er zutage fördern soll, von den Gegnern im voraus in ihrer Intensität geleugnet und in den Hintergrund geschoben werden müßten, damit diese sich als gegenseitige Gesprächspartner in einer gemeinsamen Welt anerkennen.

Eine der Stärken der Anonymität, die den Wunsch erklärt, der diesen Modus der Subjektivierung hervorruft, liegt in ihrer Fähigkeit, uns von dem Zwang zu befreien, mit denjenigen in Beziehung zu treten, mit denen wir im Konflikt stehen. Das anonyme Handeln ermöglicht die Bildung eines Konflikts, der von jeglicher Sphäre der Reziprozität befreit ist. Anonym zu handeln bedeutet, daß man in der Lage ist, dem anderen nicht zu erscheinen und nicht in eine Szene der Interaktion mit demjenigen einzutreten, gegen den man sich gezwungen sieht zu kämpfen. Es geht nicht darum, jede Beziehung abzulehnen, sondern sich so zu verhalten, daß man nicht gezwungen ist, eine nicht gewollte Beziehung herzustellen, und vor allem nicht zu akzeptieren, daß die Politik die Unterwerfung unter einen solchen Zwang voraussetzt. Diese Praxis ermöglicht die Radikalisierung und Intensivierung von Konflikten, indem man es ablehnt, daß ihnen eine nicht konflikthafte Komponente vorausgeht.

Die Anonymität befreit von der Bühne der Ethik. Das ist der Grund, warum man sich vorstellen kann, daß die Gruppen oder die Individuen, die sie nutzen, sich von traditionellen Rahmenbedingungen der Politik befreien wollen, um sich neue zu geben. Auf dieser neuen Bühne würde die Politik weder nach dem Modus der Verhandlung noch nach dem der Kommunikation ablaufen. Es würde sich um eine *affirmative* Politik handeln: die eigenen Forderungen vorbringen, handeln, verschwinden. Die Maske, die Verschlüsselung gestatten eine Intervention, ohne eine Beziehung herzustellen, ohne die eigenen Feinde zu erkennen und ohne ihnen die Möglichkeit zur Antwort zu lassen. Beispielsweise hat bei den Mitgliedern von Anonymous das Kollektiv, das sich zu einem bestimmten Zeitpunkt mit Bezug auf einen bestimmten Punkt mobilisiert, weder eine Bestimmung noch eine Kontur noch eine Einheit noch eine Identität. Es löst sich auf, sobald die Aktion beendet ist. Es ist dem Kampf immanent.

Bekanntlich hat sich eine Strömung der zeitgenössischen Theorie, die sich in das Erbe Hegels einreiht, die »Theorien der Anerkennung«, zum Ziel gesetzt, die Politik als Teil der Ethik aufzufassen. Es handelt sich darum, die Idee zu entwickeln, daß politische Beziehungen immer durch ethische Anliegen strukturiert sind, sowohl in ihrem Inhalt als auch in ihrem Ziel: Dieser analytische Rahmen will jeden Konflikt im Ausgang von einer nichtpolitischen Sprache lesen, das heißt jeden Kampf so interpretieren, als ob sich jenseits der explizit ausgedrückten Forderungen der Protagonisten (materieller oder anderer Natur) tatsächlich immer eine ethische Suche nach Anerkennung verbergen würde, der Bildung einer Kommunikationssphäre. Kurz, die Politik wäre der Ort des Ausdrucks eines Verlangens nach Reziprozität.[18]

Die Subjekte, die anonym handeln, zeigen in der Praxis den Willen, eine andere Idee der Politik zu realisieren. Sie stellen die Hegelsche Analytik der Anerkennung in Frage – die folglich keine anthropologische Gegebenheit oder ein strukturierendes Verlangen beschreibt, sondern nur einen etablierten Zustand der Funktionsweise des Bereichs der Politik und der Subjektivitäten bestätigt, die sie so darstellt, als handle es sich um die Politik und die Subjektivität ganz allgemein. Diese Subjekte fordern die Möglichkeit, dieser Verunreinigung der Politik durch die Ethik zu entkommen, und sorgen dafür, daß Kämpfe möglich werden, die von jeglicher Besessenheit von dem Blick des anderen befreit sind. Die Entkoppelung der Frage nach der Politik und der Frage nach dem öffentlichen Raum, die die Form der Anonymität erzielt, führt zur Entstehung einer Szene, wo das stattfindet, was man eine nichtrelationale, affirmative und von jeder ethischen Erwägung radikal emanzipierte Politik nennen könnte – das heißt, vielleicht eine reine Politik.

---

18 Vgl. insbesondere Axel Honneth, *Leiden an Unbestimmtheit. Versuch einer Reaktualisierung der Hegelschen Rechtsphilosophie*, Stuttgart, Reclam, 2001.

2
Flucht und Politik der Zugehörigkeiten

Was ich gerade über die Logik der Anonymität gesagt habe, gilt, wie man sich denken kann, nicht für Julian Assange und Edward Snowden. Der Wortführer von WikiLeaks ist nämlich immer öffentlich für die Art von Aktion eingestanden, die er durchführt, und hat sich zu der Doktrin bekannt, die er unterstützt. Ebenso und in einem noch interessanteren Sinne ist Edward Snowden nicht wie Chelsea Manning vorgegangen und hat sein Handeln, das darin bestand, Informationen durchsickern zu lassen, nicht mit der Suche nach Anonymität verknüpft. Im Gegenteil, er *wollte* als Quelle der Informationslecks erscheinen. Er hatte immer die Absicht, seine Identität zu enthüllen und seine Gründe, Motive und Absichten öffentlich zu erläutern. So erzählt Glenn Greenwald in *Die globale Überwachung*, daß, als er in Begleitung der Regisseurin Laura Poitras Snowden traf und mit ihm über die Veröffentlichung der Enthüllungen sprach, sein Gesprächspartner regelmäßig den Willen bekräftigte, als Ursprung derselben zu erscheinen, um die Gelegenheit zu haben, die Gründe seines Vorgehens zu erläutern: »Ehe wir aufbrachen, sprach er noch einmal den Punkt an, den er schon mehrmals erwähnt hatte: dass er sich auf jeden Fall als die Quelle dieser Dokumente zu erkennen geben wollte, und zwar öffentlich im ersten von uns publizierten Artikel: ›Jeder, der etwas von derartiger Tragweite tut, hat auch die Pflicht, der Öffentlichkeit zu erklären, warum er es getan hat und was er damit erreichen will‹, sagte er.

Außerdem wollte er das von der amerikanischen Regierung erzeugte Klima der Angst nicht noch dadurch fördern, dass er sich verborgen hielt.«[19] So veröffentlicht die Website des *Guardian* am 9. Juni 2013 ein Videogespräch von Edward Snowden mit Glenn Greenwald, in dem er sein Vorgehen auseinandersetzt und sich der Welt als die Person präsentiert, die die Informationen geliefert hat, die der *Guardian* (und die *Washington Post*) seit einigen Tagen veröffentlichen.

Die Tatsache, daß Julian Assange und Edward Snowden als öffentliche Personen auftreten, daß sie sich zu ihren Taten bekennen und im Raum der Medien erscheinen, gehört unstrittig zu den traditionellen und erkennbaren Formen der Politik. Aber dennoch gibt es bei ihnen neben dieser konformen Seite auch etwas, das mit der etablierten Ordnung der Politik bricht. Auch sie erfüllen einen Modus der Subjektivierung mit Leben, der faktisch wie eine Herausforderung des Gesetzes und des Staats funktioniert, obwohl das auf eine andere Weise als anonym geschieht.

Assange und Snowden erscheinen zwar öffentlich. Aber das Einzigartige liegt hier in der Art und Weise, wie ihr Vorgehen sich mit einer Praxis der Flucht, des Unterschlupfs, des Asyls verknüpft. Snowden und Assange haben ihr politisches Handeln durchgängig mit einer Wandertätigkeit verbunden. Snowden will erscheinen, er dreht ein Video …, aber er tut es im Ausland. Greenwald trifft er in Hongkong; dort bekennt er sich zu seiner Tat. Und erst, nachdem er aus den Vereinigten Staaten geflohen war und Unterschlupf gesucht hatte, hat er sich offenbart. Mit anderen Worten, eine der Handlungen, die das Vorgehen

19 Glenn Greenwald, *Die globale Überwachung*, S. 80 f.

von Snowden geprägt haben, bestand darin, aus den Vereinigten Staaten zu fliehen und dafür zu sorgen, daß er niemals dorthin ausgeliefert werden kann. Ebenso hat Assange ständig das Land gewechselt. Er hat seinen Willen zum Ausbau seiner Aktivitäten immer mit der Frage nach seinem Aufenthaltsort verknüpft, um das politische und rechtliche System zu finden, das in der Lage ist, ihm die notwendigen Garantien und Schutzleistungen anzubieten. So hat er nacheinander in Australien, Deutschland, England gelebt und ist am 19. Juni 2012 in der Botschaft von Ecuador in London untergeschlüpft.

Dieses Fluchtverhalten, diese Praxis der Beantragung von Asyl scheinen mir sehr bedeutsam zu sein und sind mit einer Reihe von wesentlichen Konsequenzen für die zeitgenössische Reflexion und für unsere Entwicklung einer Ethik der Zugehörigkeit, des Engagements und der Territorien verbunden. Man könnte sie zwar auf den ersten Blick als anekdotisch betrachten oder sie genauer als ein durchsichtiges, unproblematisches und selbstverständliches Verhalten ansehen: Assange und Snowden versuchten ganz einfach, sich straflos zu halten und die strafrechtliche Verfolgung zu vermeiden. Natürlich sind diese Erwägungen nicht völlig falsch. Aber zugleich wären wir im Unrecht, wenn wir bei diesen allzu offensichtlichen Deutungen stehenbleiben würden.

Die Praxis des Asylantrags, diese Art und Weise, das politische Handeln, die Ausbürgerung und das Ersuchen um Schutz ganz eng miteinander zu verknüpfen, wirft wichtige Probleme auf. Es vollzieht sich hier so etwas wie ein Infragestellen der Zugehörigkeit, die wir den nationalen Strukturen oft spontan zugestehen: Snowden und Assange haben in praktischer Hinsicht einen Modus der

Revolte in die Tat umgesetzt, der gestattet, anders über die Kategorie der Politik nachzudenken, über ihre Begrenzung und über die Beziehung, die wir mit dem Staat unterhalten. Sie geben uns die Mittel an die Hand, in den Bereich der Politik Probleme einzuführen, die gewöhnlich daraus ausgeschlossen werden, und die Frage nach der Demokratie im Ausgang von der Berücksichtigung des Problems der Inklusion, der Nationalität und der Staatsbürgerschaft zu radikalisieren.

Die nichtpolitischen Grundlagen der politischen Theorie

Um diese Reflexion zu beginnen, müssen wir von dem ausgehen, was wie ein Paradox der politischen Philosophie erscheint. Es ist nämlich verblüffend festzustellen, bis zu welchem Grad die Theorie sehr weitgehend dazu neigt, die Frage nach den Gemeinschaften, nach den Zugehörigkeiten und nach den Grenzen aus der Politik zu verbannen. Die Reflexion auf die Demokratie oder auf die Konzeption des Staats beschränkt sich sehr oft auf eine Untersuchung der Regierungsformen: Sie ist eine Bühne der Auseinandersetzung über die Bewertung verschiedener Typen politischer Herrschaft, die Modalitäten der kollektiven Entscheidung, die Gesetze und ihre Verbesserungen, die Definition individueller Rechte, die Grenzen der Souveränität usw.

Gewiß ist die Analyse der Gesetze, denen ich unterstehe, eine wichtige Sache. Aber sollte die politische Philosophie nicht auch gerade die Tatsache untersuchen, daß ich ihnen unterstehe, die Gründe dafür und mit welchem Recht ich ihnen unterstehe? Muß sie nicht die Frage nach meiner Zugehörigkeit zu diesem oder jenem Gemeinwesen, nach meiner Mitzugehörigkeit mit den anderen und deren Grundlagen ins Zentrum ihrer Untersuchungen stellen?

Die Texte über die Demokratie scheinen manchmal den Raum des Demokratischen auf alles ausdehnen zu wollen … außer auf das, was die Grenzen zwischen politischen Gruppen angeht und das Recht der Individuen, sich von ihnen zu befreien. Diese Untersuchung ist irrelevant – sie wird aus dem Bereich des Politischen vertrieben. Die Grenzen und Zugehörigkeiten werden als Tatsachenfragen oder als Daten behandelt. Im Grunde erkennt man hier den Denkrahmen, der von Rousseau entwickelt wurde: Bestimmte Kräfte zwingen die Menschen, sich zusammenzuschließen; diese finden sich in der Folge als Teile eines Zusammenschlusses wieder, der sich ihnen aufdrängt; *Vom Gesellschaftsvertrag* ist eine Besinnung auf die Mittel zur Transformation des so bestimmten Zusammenschlusses von Menschen, in dem jeder zu leben gezwungen ist, in ein Volk, das mit einer rechtmäßigen Verfassung ausgestattet ist.

Vertrag

Die Entpolitisierung der Frage nach den Zugehörigkeiten, die die politische Philosophie zu begründen und ihr ihre Gegenstände zu geben scheint, ist bei diesem Kontraktualismus am Werk und insbesondere in seiner jüngsten Ausprägung, die ihm John Rawls gegeben hat. Rawls formuliert diesen Punkt ausdrücklich und übernimmt diesen Gestus der Entpolitisierung, den man schon bei Rousseau oder Kant festgestellt hat, ohne daß man jedoch recht versteht, wie und warum er ihn für sich übernehmen kann. Denn das könnte sein Projekt und die Idee der Demokratie, auf der er erklärtermaßen sein ganzes Unternehmen aufbaut, durchaus zerstören.

Die Philosophen des Vertrags schließen aus diesem die Frage aus, *mit wem wir einen Vertrag eingehen*. Die Gesellschaft ist geschlossen; wir leben miteinander und sind gezwungen, ein gerechtes und für alle passendes System zu finden. Mit anderen Worten, die Probleme von Rawls werden von einem nationalen Unbewußten unterstützt, einer stillschweigenden nationalen Voraussetzung, die ihn dazu führt, die Grenzen der Gemeinschaften, in denen wir leben, und die Eigenart der Gemeinschaften, denen wir angehören, als nichtpolitisches Problem zu betrachten:[20] »Die liberale Perspektive, die mir vorschwebt, beginnt mit dem Fall einer liberalen und demokratischen Gesellschaft, von der ich annehme, daß sie abgeschlossen und autark ist.«[21] Die Bürger, wie Rawls sie auffaßt, gehören einem geschlossenen System an, das von anderen Gesellschaften isoliert ist. Es ist diese Isolation, diese Geschlossenheit, die das Erscheinen der Frage nach der Organisation des Gemeinwesens, die Notwendigkeit einer Theorie der Gerechtigkeit und schließlich auch ihre Weise der Auflösung erklären.

Im Grunde könnte man so weit gehen und sich fragen, ob die Tatsache, daß die Theorie der Gerechtigkeit sich als kritische Analyse der Regierungsformen und der Rechts-

---

20 Vgl. Charles Beitz, *Political Theory and International Relations*, Princeton, Princeton University Press, 1979.

21 John Rawls, *Le Droit des gens*, Paris, Éditions Esprit, 1996, S. 48. Siehe auch *Eine Theorie der Gerechtigkeit*, S. 30.

systeme präsentiert, nicht eine schlichte Konsequenz dieser Nicht-Problematisierung der Frage nach den Weisen der Zugehörigkeit ist. Würden sich die Fragen dieser Strömung genauso stellen, wenn Rawls die Frage nach den Grenzen der Gemeinschaften nicht aus dem Untersuchungsgebiet ausgeschlossen hätte? Das Problem der Verwaltungsmodi des Gemeinwesens, das Problem der Mittel, um eine Vielheit von Gruppen (religiöse, ethnische usw.), die widersprüchlichen und antagonistischen Werten anhängen, zusammenleben zu lassen, und das Problem der Grenzen der möglichen Einmischung einer Gruppe in die Angelegenheiten einer anderen haben nur deshalb einen Sinn, weil man annimmt, daß diese Gruppen zusammenleben sollten oder daß sie schon zusammenleben oder daß sie derselben Gesetzgebung unterstehen sollten. Das heißt, daß man aus dem Feld der Untersuchung die Möglichkeit ausgeschlossen hat, daß diese Gruppen sich nicht in derselben Rechtsentität versammeln und sich dafür entscheiden, teilweise gesonderte Gemeinschaften zu bilden.

Zusammenleben

Bei Judith Butler finden wir diese Ausschließung der Frage nach den Grenzen der politischen Gemeinschaft und der Menschen, mit denen wir sie bilden, aus der Politik wieder. Butler bewegt sich zwar in einem Feld von Problemen, das so weit wie nur möglich von rechtlichen Überlegungen und von der Rawlsschen Problematik entfernt ist, aber sie setzt dennoch diese Weise der Entpolitisierung der Frage nach der Zugehörigkeit fort. In *Am Scheideweg* greift sie den Kontraktualismus an und schlägt vor, die politische

Theorie auf anderen Grundlagen als denen des Vertrags und der Ontologie des individuellen Willens zu gründen, indem sie die Kategorie des Zusammenlebens ins Zentrum ihrer Überlegungen stellt.

Das Zusammenleben erscheint bei ihr wie eine Bedingung der menschlichen Existenz, so daß das »wir«, das die politische Gemeinschaft bildet, sich ohne weiteres als durch eine irreduzible Pluralität geprägt behauptet, wobei es nicht die Funktion der Politik ist, diese Pluralität einzuschränken oder zu reduzieren, sondern im Gegenteil, sie zu erhalten oder gar zu verschärfen. Diese Aussage mündet in eine Kritik des Nationalstaats im Namen des Begriffs der Föderation. Aber die Konsequenz einer solchen Analyse ist, daß die Frage nach dem »wir«, die Frage danach, mit wem wir ein »wir« bilden, das sich mit Organisationsregeln ausstatten muß, auf eine ontologische oder gar geografische Ebene übertragen wird – auf jeden Fall aber die Abweisung der Frage nach den Grenzen des »wir« aus der Politik. Judith Butler widersetzt sich zwar dem Kontraktualismus, aber gleichzeitig nimmt sie die Idee wieder auf, der zufolge die Zusammensetzung der Gruppe, mit der wir eine Gemeinschaft bilden, außerhalb der Politik liegt, und schließt daraus, daß wir faktisch zu einem – »geschlossenen«, wie Rawls sagen würde – System gehören, aus dem wir nicht herauskönnen, so daß wir es politisch organisieren müssen. Bei Rousseau ist dieser vorpolitische Zustand, dessen sich die Politik annehmen muß, der Naturzustand; bei Rawls ist er etwas Gegebenes, eine Tatsache, die vom Theoretiker postuliert wird; bei Judith Butler ist er eine ethische Bedingung.

Sie schreibt nämlich: »Die liberale Vorstellung, nach der jeder von uns wissentlich und willentlich einem Vertrag beitritt, berücksichtigt nicht, daß wir bereits mit denen zusammen auf der Erde leben, die wir uns nie ausgesucht haben [...].«[22] Und sie fährt fort: »Ungewollte Nähe und nicht gewählte Kohabitation sind somit Vorbedingungen unserer politischen Existenz, und das ist die Grundlage von Arendts Kritik des Nationalstaats (und seiner Annahme einer homogenen Nation) und impliziert die Verpflichtung zum Leben auf der Erde und in einem politischen Gemeinwesen, das für die Gleichstellung notwendig unterschiedlicher Gruppen sorgt.«[23] Judith Butler macht also aus dem Begriff des nicht gewählten Zusammenlebens ein Werkzeug für die Kritik am Kontraktualismus in der politischen Theorie: »Diese Bindung aneinander ist eben keine soziale Verbindung, in die wir willentlich und wohlüberlegt eintreten; sie geht jedem Vertrag vorher, ist tief in Interdependenz verwurzelt und wird nicht selten durch Formen des Gesellschaftsvertrags auf der Basis einer Ontologie von Willenssubjekten ausgelöscht.«[24] Dennoch sind uns wie bei Rawls jene, mit denen wir eine Gesellschaft bilden, gegeben.

Wenn Judith Butler auf der Notwendigkeit besteht, am Ausgangspunkt der politischen Reflexion die ethische Forderung zu lokalisieren, mit denen zusammenzuleben, die uns vor jeder Wahl gegeben sind, dann offenbar wegen der besonderen Situation, die sie in ihrem so wichtigen Werk analysiert: den israelisch-palästinensischen Konflikt, die besetzten Gebiete, das Recht der Palästinenser usw. Aber um das in Angriff zu nehmen, greift sie gleichzeitig auf

---

22 Judith Butler, *Am Scheideweg*, S. 36.
23 Ebd.
24 Ebd., S. 155.

klassische Auffassungen der politischen Philosophie zurück und übernimmt so für sich bestimmte herkömmliche Weisen der Problemformulierung. Für sie ist das Zusammenleben eine quasigeografische Gegebenheit und eine ethische Bedingung, und aus den Forderungen, die sich daraus ergeben, müssen wir ein Rechtssystem gestalten, das in der Lage ist, die Pluralität der Menschen zu schützen, anstatt sie zu verringern oder sie gar zu negieren.

Entpolitisierung

Diese Art und Weise, die Frage nach der Politik auszulegen und theoretisch anzugehen, ist Teil eines merkwürdigen und begrenzenden Dispositivs: Was bedeutet es, eine politische Philosophie auf etwas Nichtpolitischem zu gründen? Ist es nicht problematisch, eine Theorie der Demokratie im Ausgang der Deutung einer Reihe von Dimensionen als nichtdemokratisch (als etwas, das zum Ontologischen, zum Gegebenen, zum Geografischen usw. gehört), das heißt als etwas, das nicht der Wahl und der Überlegung unterworfen werden kann, zu entwickeln, wobei an erster Stelle dieser Dimensionen die der Zugehörigkeit und der gemeinsamen Zugehörigkeit stehen? Ist es nicht kritisierenswert, das Thema der Grenzen politischer Gemeinschaften außerhalb des Gebiets der Demokratie zu verorten? Ist eine politische Theorie befriedigend, die ihren Aufbau auf eine nichtpolitische Tatsache gründet, das heißt in Wirklichkeit auf einen Akt der Entpolitisierung?

Es geht hier selbstverständlich nicht um ein rein begriffliches oder spekulatives Problem. Es geht um einen praktischen Einsatz, der sich auf die Art und Weise bezieht, wie wir uns selbst denken, wie wir unsere Beziehung zu den anderen denken und wie wir uns als politische Subjekte subjektivieren. Denn wenn man die Frage nach der Zugehörigkeit nicht politisiert, wenn man das Problem der Form der Gemeinschaft, in der wir gefangen sind, außerhalb der Politik verortet, dann läuft das tatsächlich darauf hinaus, daß man uns zwingt, eine rein willkürliche und bedeutungslose Tatsache als etwas Unantastbares zu akzeptieren. Die Frage nach der Zugehörigkeit nicht zu problematisieren oder, mehr noch, sich nicht die Mittel zu geben, diese Frage so erscheinen zu lassen, daß sie potentiell problematisch sein kann, bedeutet, uns in eine Zwangssituation zu verstricken, uns damit abzufinden, eine kontingente Situation zu akzeptieren: die Tatsache, in diesem oder jenem Land geboren zu sein und diese oder jene Staatsangehörigkeit zu haben. Wenn die politische Philosophie es uns zur Pflicht macht, der Frage nach der Organisation des Gemeinwesens ins Auge zu sehen, setzt sie voraus, daß es selbstverständlich ist, daß das, was in dem Gemeinwesen geschieht, in dem ich geboren wurde, mich angeht und daß ich mich mit dem auseinandersetzen muß, was darin vor sich geht.

Die Kraft des Aufruhrs

Man kann sich nicht mit Denkweisen zufriedengeben, die darin bestehen, eine Reihe von Wirklichkeiten als Gegebenheiten aufzufassen und daraus Verpflichtungen abzuleiten, die sich uns aufdrängen würden, als ob die Rahmenbedingungen, die unser Leben bestimmen sollten, sich der Überlegung entzögen und gewissermaßen von Phänomenen logisch ableitbar wären, über die wir keine Gewalt haben.

Die Funktion der Politik und folglich auch der politischen Theorie besteht darin, uns zu ermöglichen, uns das wieder anzueignen, was uns auferlegt ist, den Raum der Demokratie, der Wahl usw. auszudehnen. Das ist der Grund, weshalb Snowden und Assange Größe besitzen. Sie repräsentieren in einem starken Sinne politische Subjekte, das heißt Figuren, die entpolitisierte Fragen politisieren und die gerade dadurch den Angriff auf das Zentrum des rechtlich-politischen Systems führen. Die Tatsache der Flucht, der Abwanderung, der ausdrücklichen Weigerung, vor dem zu erscheinen, was sich als Justiz »ihres« Landes ausgibt (ist es noch ihr Land?), bedeutet eine Ablehnung ihrer nationalen oder politischen Zugehörigkeit und der Art und Weise, wie sie sich ihnen aufdrängt. Sie verkünden ihr Recht, einen Aufruhr in »ihrer« Gemeinschaft zu veranstalten. Sie radikalisieren die Forderung nach Demokratie, indem sie öffentlich das Recht behaupten, sich selbst ihre eigene Gemeinschaft zu verschaffen: Sie lehnen die entpolitisierende Auffassung der Zugehörigkeit ab, wie sie von der politischen Theorie gegeben wird, und sie führen diese Frage in das Gebiet der Wahl – oder zumindest einer relativen Wahl – ein.

Die Praxis der Flucht hinterfragt daher das, was man als *nationale Strukturen der Revolte und der Politik* bezeichnen könnte. Mit diesem Ausdruck meine ich nicht die Tatsache, daß die Ziele und Rhythmen des Protests weitestgehend innerhalb einer Nation organisiert werden und daß die Bewegungen selten sind, die sich im internationalen Maßstab und in Abhängigkeit von globalen Zielen vollziehen. Es handelt sich vielmehr darum, darauf hinzuweisen, bis zu welchem Grad die etablierten Modi des Protests und allgemeiner unser Verständnis des Begriffs der Politik auf einer Operation der Ratifizierung unserer rechtlichen Zugehörigkeit und unserer Nationalität beruhen. Die Politik, wie wir sie praktizieren, gründet sich auf eine Entpolitisierung des Problems unserer Zugehörigkeit als Subjekt des Staats.

Das Vokabular der politischen Aktion konzentriert sich fast ausschließlich auf die Begriffe des Widerstands, der Opposition, der Revolution. Die Klassifizierung einer Aktion als politische verweist auf eine Entscheidung, sich kollektiv mit Problemen auseinanderzusetzen, sich zu mobilisieren, um den Zustand der Dinge oder den Zustand der Gesetze umzugestalten. Die großen Formen des kollektiven Handelns illustrieren dieses spontane Verständnis: Was bedeutet die Tatsache, sich an einer Praxis wie dem Streik, der Petition oder der Demonstration zu beteiligen, wenn wir mit einer Situation konfrontiert sind, mit der wir nicht einverstanden sind? Sie erfordert, unsere Zugehörigkeit zur »Gemeinschaft«, in der der Dissens erscheint, als selbstverständlich zu betrachten und sie nicht wieder in Frage zu stellen. Das Engagement, die Auseinandersetzung, die Mobilisierung, die Diskussion über das Gesetz oder die rechtlich-politische Herrschaftsform setzen voraus, daß man die Nation oder den Nationalstaat als Raum anerkennt, dem man zugehört und innerhalb dessen man sich als Subjekt definiert. Jeder Akt der Empörung innerhalb einer Gruppe setzt bei seinem Autor voraus, seine Zugehörigkeit zu dieser Gruppe zu bestätigen, sie als die seine zu betrachten, das heißt, die Selbstverständlichkeit der Idee der Gemeinschaft zu bekräftigen.

Flüchten bedeutet dagegen, sich von dieser Zugehörigkeit zu lösen, sie abzulehnen – und dadurch die rechtlichen Dispositive der Zugehörigkeit zu einer nationalen Gemeinschaft und sogar in einem allgemeineren Sinne die Dispositive der Zugehörigkeit zu anderen Arten von Gruppen, in die wir verstrickt sind, in Frage zu stellen. Es geht um einen Modus der Subjektivierung, der sich nicht über die Bestätigung der Zugehörigkeit zur nationalen Ordnung vollzieht, sondern im Gegenteil ihre Aufhebung, ihre Infragestellung verlangt, um sich das Recht zu verschaffen, sich mit der Welt, mit der man nicht einverstanden ist, nicht auseinanderzusetzen, einen Aufruhr zu veranstalten – und sogar im Extremfall sich nicht mehr betroffen zu fühlen. Die Flucht ist vielleicht eine der seltenen Formen des Kampfes, die die Frage nach der Zugehörigkeit problematisieren und sich in ihrer Bedingung der Möglichkeit selbst nicht auf die Tatsache gründen, die Zugehörigkeit als selbstverständlich zu betrachten.

Schurken

Die Eigenart der Praxis der Flucht oder des Aufruhrs zeigt sich ganz deutlich, wenn man als Vergleichspunkt den zivilen Ungehorsam nimmt. Die Flucht und der Ungehorsam stellen die beiden Künste der Revolte dar, die am stärksten entgegengesetzt sind und gegensätzliche Subjektivierungsmodi implizieren, unterschiedliche Weisen, wie sich das Subjekt zum Gesetz, zum Staat und zu den anderen verhält.

Die Texte über den zivilen Ungehorsam, beispielsweise diejenigen von Jacques Derrida, knüpfen nämlich immer die Größe dieser Praxis an die Tatsache, daß sie eine Gesellschaft mit sich selbst konfrontiert, von ihren grundlegenden Werten, ihrer Verfassung Gebrauch macht, um ihre Gesetze oder ihre gegenwärtige Organisation zu kritisieren: Im Namen der Treue zu den wesentlichen Werten der Nation trifft man die Entscheidung, gegenüber den Gesetzen, die für diese Nation gelten, in Gegnerschaft zu treten. Der zivile Ungehorsam will das Gesetz der nationalen Gemeinschaft vervollkommnen. Mit anderen Worten, das Subjekt konstituiert sich als politisches Subjekt, indem es seine Zugehörigkeit zur Rechtsgemeinschaft bekräftigt, an die es sich wendet. In einem gewissen Sinne tritt es sogar als ihr treuestes Mitglied auf, das ihren Werten am stärksten verbunden ist: In ihrem Namen und im Namen der Erfordernisse, die sie verkörpern, zieht es in den Kampf.

Aber flüchten, Zuflucht suchen, weggehen, wie es Snowden getan hat, bedeutet, sich auf andere Weise als politisches Subjekt zu konstituieren. Wenn man dieses Verhalten radikalisiert, wenn man versucht, bis zum Ende dessen zu gehen, was seine Logik impliziert, erkennt man, daß es für ihn nicht wesentlich darauf ankommt, *seine* politische Gemeinschaft zu wechseln, sondern *eine* politische Gemeinschaft zu wechseln. Der Ungehorsame hängt an seiner Nation und will ihre Gesetze ändern; Snowden – man könnte dasselbe für Assange zeigen – verfolgt umgekehrt eine Praxis der Aufhebung der Unterwerfung, die ihn dazu führt, seiner Nation nicht mehr anzugehören: Zu einem bestimmten Zeitpunkt hat er beschlossen, von ihr wegzugehen, sie zu verlassen, sich von ihr zu trennen. Für ihn ging es weniger darum, ungehorsam zu sein, als vielmehr darum, auszuscheiden. Snowdens Leben sagt nicht: Ich bin ungehorsam, um meine politische Gemeinschaft zu ändern, sondern: Ich ändere die Zugehörigkeit, ich suche Zuflucht, ich verlasse diese politische Gemeinschaft, ich weise meine Nationalität zurück. Daher rühren die zahlreichen Asylanträge, die er gestellt hat.

Man sieht, warum es unangemessen und im Grunde auch normativ und rückschrittlich wäre, das Verhalten Snowdens als »zivilen Ungehorsam« oder einfach nur als Ungehorsam zu beschreiben, und warum man es im Gegensatz dazu als eine Praxis der Flucht bezeichnen muß. Der Ungehorsam stellt einen paradoxen Akt relativ zu der Gemeinschaft dar, in der er stattfindet. Wenn man den Akt, den man vollzieht, als Akt des Ungehorsams denkt, dann steht man auf dem Standpunkt des Gesetzessystems, dann erkennt man an, daß dieses Gesetz für die eigene Person gelten müßte, und beschließt, es trotz allem nicht zu befolgen. Mit anderen Worten, man kann gegenüber einem Gesetz nur unter der Bedingung ungehorsam sein, daß man es als das seine anerkennt und sich daher auch so bestimmt, daß man zu der Gemeinschaft gehört, in der es herrscht. Max Weber unterstrich das mit Bezug auf den Dieb: Dieser bringt das Gesetz nur scheinbar in Gefahr, da seine Handlungsweise in Wirklichkeit das Gesetzessystem und die Effektivität der Rechtsordnung *bestätigt*. »Der Dieb«, schreibt Weber, »orientiert an der ›Geltung‹ des Strafgesetzes sein Handeln: indem er es verhehlt. Daß die Ordnung innerhalb eines Menschenkreises ›gilt‹, äußert sich eben darin, daß er den Verstoß verhehlen *muß*.«[25]

Umgekehrt besteht das Vorgehen Snowdens darin, sich von der Ordnung des Gesetzes zu emanzipieren, sein An-

25 Max Weber, *Wirtschaft und Gesellschaft*, Tübingen, Mohr, 1922, S. 16.

wendungsgebiet, den Raum seiner »*Durchsetzung*« zu verlassen und es somit abzulehnen, sich mit Bezug auf es zu bestimmen (oder genauer, zu *versuchen*, sich von der Rechtsordnung zu befreien, unter der er geboren wurde, weil man sie nie völlig verläßt, weil immer die Möglichkeit besteht, daß man zu ihr zurückgerufen wird, oder weil man sie nur unter der Bedingung verlassen kann, daß man sich einer anderen unterwirft). Es ist nicht mehr *sein* Gesetz, es geht ihn nichts an. Flüchten bedeutet, seine Zugehörigkeit zum System des Gesetzes abzulehnen, eine Gestalt des Subjekts ins Dasein zu rufen, die sich das Recht gibt, das Gesetz nicht mehr als das eigene und als verpflichtend anzuerkennen.

Wenn man Snowden sagen würde, daß er Ungehorsam geleistet hätte, dann würde man sich über sein Verhalten, dessen Wesen und Implikationen schwer täuschen. Schlimmer noch, man würde es ablehnen, ihm zuzugestehen, daß er erreicht hat, was er erreichen wollte, weil es bedeuten würde, ihn erneut unter eine Rechtsordnung zu fassen, die er ablehnt, die er von sich gewiesen hat, indem er sagte: Ich gehe, ich wechsle die Zugehörigkeit, ich bitte um Asyl. Kurz, man würde ihn wieder der Rechtsordnung unterwerfen, von der er sich befreien wollte.

Durch seine Flucht und durch die Bitte um Asyl hat sich Snowden als politisches Subjekt konstituiert, das sich das Recht erteilt, einen Aufruhr zu veranstalten. Auch Assange hat nicht aufgehört zu wandern, ein Land zu suchen, das mit seinen Werten übereinstimmt und mit seinem Leben und seinem politischen Projekt kompatibel ist. Diese Personen verkörpern daher Rechtssubjekte, die sich das Recht herausnehmen, das Recht abzulehnen, das heißt, die das System der Strafgerichte ablehnen, das repressive Handlungen gegen sie unternimmt: Sie lehnen es ab, sich ihm zu unterwerfen und vor Gericht zu erscheinen. Um eine solche Position des Außenstehens gegenüber dem Recht zu bezeichnen, hat Derrida die Kategorie des Schurken verwendet.[26] Vielleicht erwecken Snowden und Assange wirklich eine Ethik des Schurken gegen die Ethik der Staatsbürgerschaft zum Leben.

Eine der passendsten Formeln, die man von einem Angeklagten in den Justizpalästen hören kann und die recht gut den Typ von Subjektivierung zusammenfaßt, der vom Rechtssubjekt verlangt wird, lautet: Ich nehme meine Verantwortung an, ich vertraue auf die Justiz meines Landes. Im Gegensatz dazu brechen Assange und Snowden mit dieser spontanen Unterwerfung unter die staatlichen Institutionen und sagen: Ich habe kein Vertrauen zur Justiz meines Landes, und außerdem ist es ja nicht die Justiz meines Landes, es ist nicht mehr mein Land – ich bin weggegangen.

Zugehörigkeiten

Die aufrührerische Haltung stellt die Rechtsordnung und unsere spontane Unterwerfung unter sie in Frage. Sie bietet dem Zentrum der rechtlich-politischen Ordnung die Stirn, indem sie gegen die ursprüngliche Enteignung protestiert, die wir erleiden, wenn diese uns ihrer Gesetzgebung unterwirft und uns als einen ihrer Untertanen

---

26 Jacques Derrida, *Voyous*, Paris, Galilée, 2003, insbesondere S. 97 f.; dt.: *Schurken: zwei Essays über die Vernunft*, übers. v. H. Brühmann, Frankfurt/M., Suhrkamp, 2006, S. 98-102.

auffaßt. Übrigens kann nur die Radikalität dieser Infragestellung die Aussagen des amerikanischen Außenministers, John Kerry, gegen Snowden erklären. Es ist in der Tat verblüffend festzustellen, daß er seine härtesten Worte nicht gebraucht hat, um die Enthüllungen Snowdens anzuprangern oder auch die Tatsache, daß dieser durch die Enthüllung von Staatsgeheimnissen dazu beigetragen hätte, den Kampf gegen den Terrorismus zu schwächen. Kerry hat die heftigste Sprache dazu verwendet, um Snowdens Fluchthaltung anzugreifen, die Tatsache, daß er es ablehnt, vor der amerikanischen Justiz zu erscheinen. In Kerrys Augen ist Snowden ein »Verräter«. Nicht weil er Informationen öffentlich gemacht hat, sondern weil er ins Ausland geflohen ist. Andere Whistleblower haben sich in der Vergangenheit als »Patrioten« verhalten: Sie sind nicht weggegangen, sie sind vor dem amerikanischen Gerichtssystem erschienen und haben ihre Sache verteidigt. Snowden ist ein »Feigling«. Und er sollte sich, so Kerry, »wie ein Mann« benehmen, »in die Vereinigten Staaten zurückkehren« und »sich der Justiz seines Landes stellen«: »Patrioten gehen nicht nach Rußland, sie bitten nicht um Asyl in Kuba, sie bitten nicht um Asyl in Venezuela, sie verteidigen ihre Sache hier.«[27]

Aber, so kann man zu Recht erwidern, warum sollte Snowden den Vereinigten Staaten etwas schuldig sein? Inwiefern sollte er auch nur die geringste Verpflichtung gegenüber diesem Staat haben? Woher kommt es, daß man etwas so Extravagantes sagen kann, nämlich daß die

---

27 Vg. Carrie Dann, »Kerry: Snowden a ›Coward‹ and ›Traitor‹«, *NBC News*, http://www.nbcnews.com/politics/first-read/kerry-snowden-coward-traitor-n116366.

amerikanische Justiz die Justiz »seines« Landes sei und daß er es akzeptieren müsse, von ihr verurteilt zu werden und dabei zu allem Überfluß auch noch eine aberwitzige Strafe zu riskieren? Warum soll sein Aufenthaltsort in den Vereinigten Staaten sein und nicht in Kuba oder Venezuela? Kerrys Rhetorik besteht darin, so zu tun, als ob eine rein kontingente Situation (Geburtsort und -datum) dem Subjekt trotz allem eine (moralische) Verpflichtung auferlegen würde. Hier stehen sich zwei Haltungen gegenüber, zwei *Politiken*, wobei Kerry eine erzwungene Zugehörigkeit bekräftigt, an sie erinnert und erneuert und Snowden sich im Gegensatz dazu von ihr befreien und sie durch seine Flucht zurückweisen will.

Verstrickungen

Eine Analyse der sozialen und politischen Gewalt muß sich für die objektiven Auflagen interessieren, die eine subjektive Anhängerschaft mit Bezug auf willkürliche Zugehörigkeiten hervorbringen (Auflagen, von denen Kerrys Erklärungen hier eine der Manifestationen in der politischen Ordnung darstellen). Wir sind die Objekte einer ganzen Reihe diskursiver Operationen, die darauf abzielen, uns zu zwingen, uns im Verhältnis zu Wirklichkeiten zu situieren, *von denen erwartet wird*, daß sie uns angehen, daß sie uns für Tatsachen verantwortlich machen, für die wir jedoch keinerlei Verantwortung tragen und denen gegenüber wir uns als Fremde fühlen können. Eines der großen Prinzipien der Funktionsweise der Welt besteht darin, die Menschen dazu zu zwingen, daß sie sich auf die Orte verpflichten, die ihnen durch den Zufall der

Geburt angewiesen wurden, und sie als die ihren anzuerkennen, indem sie an diese Positionen und Situationen, die damit einhergehen, durch Fragen, Anordnungen, Bitten, Bewertungen etc. gebunden werden. Diese Mechanismen der Verstrickung nehmen die Form von Aufrufen zur Ordnung an, wenn das Subjekt sich gerade von diesen zugewiesenen Positionen befreien will, um sich andere Identitäten und andere subjektive Positionen zu geben.

Von diesem Standpunkt aus könnte man versuchen, eine Analogie zwischen der Situation herzustellen, die ich hier beschreibe, und dem Beispiel des »Überläufers« oder des »Klassenaufsteigers«, um den Begriff aufzunehmen, der von Chantal Jaquet geprägt wurde. Die Wahrnehmung des Überläufers führt häufig dazu, ihm vorzuwerfen, als Einzelperson zu fliehen und daher »seine« Klasse hinter sich zu lassen, das heißt sich nicht zu mobilisieren, um den Zustand des Systems zu ändern. Beispielsweise schlägt Sartre diese Analyse in »Matérialisme et révolution«[28] mit Bezug auf die soziale Mobilität und den Zugang zur Bourgeoisie vor. In *Abwanderung und Widerspruch* zitiert Albert Hirschman die Polemiken, die innerhalb der Schwarzenbewegung in den Vereinigten Staaten gegenüber denjenigen entstanden, die Zugang zu dominanten Positionen hatten und sich in die »weiße Gesellschaft« einfügten, anstatt zum »kollektiven Erwachen der Schwarzen« beizutragen.[29]

Der Punkt, der uns, wie mir scheint, hier interessieren muß, bezieht sich darauf, warum die Klassenfrage (oder

28 Jean-Paul Sartre, »Marxisme et révolution«, in: *Situations 3*, Paris, Gallimard, 1949.
29 Albert Hirschman, *Abwanderung und Widerspruch*, S. 93.

die Rassenfrage) sich spezifisch oder stärker für eine Person stellen sollte, die in den Klassen des Volkes (oder der Schwarzen) geboren wurde. Warum sollte diese rein kontingente Tatsache jemandem so etwas wie eine Pflicht, eine Sorge oder eine Praxis aufzwingen?

Wenn die Schwarzen- oder die Arbeiterfrage politische Fragen sind, sind sie es *für alle und zu jeder Zeit*. Daher ist das Dilemma, das zwischen individueller sozialer Mobilität und kollektivem Kampf gegen die Herrschaftsstrukturen gestellt wird, ein *falsches Problem*, das auf einer Umwandlung kontingenter Tatsachen in bedeutsame Tatsachen beruht, durch die man annimmt, daß das Subjekt für Situationen verantwortlich gehalten werden muß, die außerhalb von ihm liegen, oder genauer, daß es dafür verantwortlich sein und dafür einstehen muß – das heißt relativ zu ihnen Position beziehen muß.

Diese Art von Wahrnehmung wurde sehr weitgehend gegen oder mit Bezug auf (denn es geschah nicht immer in einem negativen Geist) Édouard Louis anläßlich des Erscheinens seines Buches *Das Ende von Eddy* verwendet.[30] Aber warum stellt man Édouard Louis die Frage nach seinem Beitrag zur Auflösung der sozialen Klassenstruktur (genau in dem Moment, wo er übrigens diese Situation zeigt)? Eine solche Problematisierung funktioniert in der Tat wie ein Aufruf zur Ordnung, wie eine Ermahnung mit der Tendenz, die Verpflichtung des Subjekts auf seine ursprüngliche Position neu zu begründen, es zu zwingen, den Platz, der ihm bei seiner Geburt zugewiesen wurde, als

30 Édouard Louis, *En finir avec Eddy Bellegueule*, Paris, Seuil, 2014; dt.: *Das Ende von Eddy*, übers. v. H. Schmidt-Henkel, Frankfurt/M., Fischer, 2014.

den seinen anzuerkennen,
dem er sich positionieren
Mittel zu geben, sich davor

Eine demokratis

Ich möchte die Reflexion
Snowden oder Kerry fest
John Kerry sind die eines
Denken des Staats zum A
mit unbewußten Wahrnel
den Gehirnen verankert s
sie stellen den Ausdruck
integrative Gewalt des St
hörigkeit bezeichnen könı

Man hat zweifellos gute
tionale Instanz zu beschre
die Fähigkeiten eines jed
wenn man sich nur auf
läuft das darauf hinaus, c
tion zu verdunkeln, die d
lich macht. Denn die pri
hung zum Staat ist zunäc
von einer Pflicht: Ich wei
bin gezwungen, sein Unte
der Rechtsordnung unter

Die Frage nach dem St
einer obligatorischen Zug
lich-politischen Ordnung
den Ausschlüssen und En
dern in den Einschlüsser

wir durch die Gründungsgewalt einer erzwungenen und nie zurückweisbaren Inklusion konstituiert werden: Man kann seine Staatsangehörigkeit nicht zurückweisen, und selbst Snowden ist das nicht gelungen. Er ist immer noch Amerikaner, lebt aber in Rußland. So radikal sein Vorgehen auch sein mag, er kann nur mit dem System der Staaten ringen und ein System gegen ein anderes ausspielen.

An der Flucht Edward Snowdens ist übrigens ein Aspekt besonders interessant: Als er am 23. Juni 2013 in Rußland auf seiner Reise von Hongkong nach Südamerika einen Zwischenstopp einlegt, wird Snowden daran gehindert, das nächste Flugzeug zu nehmen, weil die Vereinigten Staaten seinen Paß für ungültig erklärt haben. Dieser Verwaltungsakt zwingt ihn, sich bis zum 1. August in der Transitzone des Moskauer Flughafens aufzuhalten – dem Tag, an dem Rußland ihm ein befristetes Asyl gewährt. Wir haben viele Erörterungen und Analysen zu diesem Ablauf gehört, insbesondere zur Rechtmäßigkeit der Entscheidung der amerikanischen Administration, den Paß eines Staatsbürgers auf diese Weise einzuziehen.[31] Aber jenseits von dieser juristischen Frage erinnert uns eine solche Situation daran, daß wir alle *unter der Bedingung reisen, daß der Staat uns dazu autorisiert,* oder besser, weil der Staat uns dazu autorisiert hat – das heißt, daß wir als Staatsbürger einem Staat unterworfen sind, der über das sich angemaßte Recht verfügt, uns zu verbieten, sein Territorium zu verlassen.

---

31 Vgl. Patrick Weil, »Citizenship, Passports, and the Legal Identity of Americans: Edward Snowden and Others Have a Case in the Courts«, *The Yale Law Journal*, April 2014.

Abwanderung

Im Grunde sollte eine Analyse des Staats, die im Ausgang von Erfordernissen der Demokratie formuliert wird, in einer Radikalisierung des Kontraktualismus münden, deren Funktion darin bestünde, die Frage des »Gesellschaftsvertrags« zu etwas Vertraglichem zu machen. Snowden und Assange könnten die Ausgangspunkte der Neubegründung einer radikalen politischen Philosophie sein, der es darum gehen würde, so viele Wirklichkeiten wie möglich der freien Erwägung zu unterziehen. Die Zugehörigkeit zum Staat darf nicht mehr in Form eines Zwanges, sondern muß im Sinne einer Wahl gestellt und neu gedacht werden.

Diese theoretische Forderung sollte uns wohl dazu führen, uns Fragen zum Sinn des vielfältigen Verhaltens der Abwanderung zu stellen, das jeden Tag stattfindet, oft stillschweigend und individuell. Die Interpretation von Abwanderungsbewegungen ist häufig entpolitisierend. Sie werden weitgehend als erzwungene Fortbewegungen dargestellt, die von ökonomischen Logiken, Kriegen usw. erzwungen werden. Der Grund für die Emigration scheint immer auf der Seite des Bedürfnisses, der Notwendigkeit, der Pflicht usw. gesucht zu werden. Könnte nun aber die Abwanderung nicht auch und parallel dazu als ein politischer Gestus und sogar als eine Form des politischen Ausdrucks verstanden werden? Wenn es abwandert, vollzieht das Subjekt dann nicht etwa eine Art von Staatsstreich? Es läßt die Staaten und legislativen Systeme gegeneinander antreten. Mit anderen Worten, es stellt eine Forderung auf, oder besser, es übt eine Art von Recht auf die Wahl seiner

Nationalität, seines Staats aus, ein Recht, sich die Kontrolle über die Form und Eigenart des Systems von Gesetzen wieder anzueignen, denen es unterworfen sein wird. In diesem Sinne handelt es sich um eine Praxis, die – was auch immer ihre Hintergründe oder Absichten sein mögen – notwendig eine demokratische Sorge beinhaltet, insofern sie den Souverän dem Verfall preisgibt, indem sie die Staaten der Entscheidung des Bürgers unterstellt, anstatt das Umgekehrte zu tun.[32]

Um eine Analyse der Form des Staats, des Verhältnisses der Bürger zur Nation und des Aufruhrs neu zu begründen, wäre es möglich, sich von bestimmten Traditionen inspirieren zu lassen, die das Problem der Grenzen der politischen Gemeinschaften und der Zugehörigkeiten ins Zentrum ihrer Untersuchungen gestellt haben und die die Tatsache hervorgehoben haben, daß das Erfordernis der Demokratie verlangen würde, den Einfluß der Strukturen des Staats aufzulösen, um das Recht jedes Einzelnen auf Abwanderung zu bekräftigen.

Beispielsweise nimmt Thoreau am Ende von *Über die Pflicht zum Ungehorsam gegenüber dem Staat* eine Art von Scheitern der Haltung des zivilen Ungehorsams zur Kenntnis. Er schlägt dann einen anderen Weg vor, um seinen Dissens auszudrücken. Anstatt dem Staat die Stirn zu bieten, beansprucht er das Recht, nicht mehr als Mitglied einer Gemeinschaft betrachtet zu werden, der er nicht förmlich beigetreten ist. Für Thoreau wurzelt der problematische Charakter der Form des Staats in seiner

32 Über die politische Kraft der Flucht und der Abwanderung, aus einer etwas anderen Perspektive gedacht, siehe Édouard Louis, »Savoir-souffrir«, *NRF*, Nr. 609, September 2014, S. 132 f.

Geschlossenheit und der entsprechenden Verpflichtung, ihm anzugehören, die mir auferlegt wird. Ein Staat, der die Rechte der einzelnen respektiert, muß die Möglichkeit offenlassen, sich ihm zu entziehen. Er wird nur dann eine demokratische Form haben können, wenn er akzeptiert, daß die Einzelpersonen die Fähigkeit besitzen, sich von ihm zurückzuziehen, und wenn er darauf verzichtet, sie zu zwingen, zu einem Kollektiv zu gehören, das sie nicht als rechtmäßig anerkennen: »Ich mache mir das Vergnügen, mir einen Staat vorzustellen, der es sich leisten kann, zu allen Menschen gerecht zu sein, und der das Individuum achtungsvoll als Nachbarn behandelt; einen Staat, der es nicht für unvereinbar mit seiner Stellung hielte, wenn einige ihm fernblieben ...«[33]

Diese Vorstellung findet sich bei der libertären oder libertarischen Theorie und insbesondere bei Robert Nozick wieder. Indem er den Begriff des Zwangs ins Zentrum seiner Reflexion auf den Staat stellt, gelangt Nozick dazu, die Frage nach der Politik neu zu bestimmen. Da der Staat eine Instanz von Zwängen ist, kann er nur unter der Bedingung legitim sein, daß die Individuen *sich dafür entschieden haben*, ihm anzugehören. Eine Gesellschaft, die auf authentische Weise liberal ist, darf die Frage nach der Zugehörigkeit nicht als eine Tatsachenfrage betrachten. Es ist eine Frage der Entscheidung, eine politische Frage, und nicht eine Frage der Geburt. Folglich muß sich eine libertäre Kritik auf eine neue Definition der Form des Staats stützen: Um legitim zu sein, müßte sie die Form einer Vereinigung annehmen, das heißt »eine[r] Welt, in

---

33 Henry David Thoreau, *Über die Pflicht zum Ungehorsam gegenüber dem Staat*, S. 35.

der alle vernünftigen Bewohner in jede andere Welt, die sie sich vorstellen können, auswandern können«.[34]

Eine libertäre Gesellschaft muß notwendig eine Gesellschaft sein, in der die Zugehörigkeit der Transformation unterworfen ist – das heißt, in der es am Ende eine Pluralität von Gesellschaften gibt. »Jede Gemeinschaft muß die freiwillige Unterstützung ihrer Mitglieder gewinnen und ist ständig auf sie angewiesen. Keine Gesellschaftsstruktur wird jedem *aufgezwungen*, und nur dann ergibt sich eine einzige Struktur, wenn jedermann freiwillig darin leben möchte.«[35] Nozick stellt die Gesellschaft, die sich aus der Anwendung seiner Prinzipien ergeben würde, folgendermaßen dar: »Stellen wir uns eine mögliche Welt vor, in der man leben soll; in ihr muß nicht jeder heute Lebende vorkommen, und es kann in ihr Wesen geben, die tatsächlich nie gelebt haben. Jedes vernünftige Wesen in dieser von dir vorgestellten Welt hat die gleichen Rechte wie du, sich eine mögliche Welt vorzustellen, in der es leben möchte (in der wiederum alle anderen vernünftigen Wesen die gleichen Rechte haben, sich etwas vorzustellen, usw.). Die anderen Bewohner der von dir vorgestellten Welt werden entweder in dieser Welt, die für sie geschaffen wurde (oder für die sie geschaffen wurden), bleiben wollen, oder sie werden sie verlassen und in einer von ihnen vorgestellten Welt leben wollen. Wenn sie es vorziehen, deine Welt zu verlassen und in einer anderen zu leben, dann fehlen sie in deiner Welt. Vielleicht wirst du deine vorgestellte Welt aufgeben wollen, in der jetzt die Auswanderer fehlen.

---

34 Robert Nozick, *Anarchie, Staat, Utopia*, übers. v. H. Vetter, München, Moderne Verlagsgesellschaft, 1976, S. 273.

35 Ebd., S. 288.

Das geht immer weiter; Welten werden geschaffen, Menschen verlassen sie, schaffen neue Welten und so fort.«[36]

Analysen wie die von Thoreau oder Nozick, Praktiken wie die von Snowden oder Assange fordern zu einer Neudefinition der politischen Theorie auf. Sie führen uns zu einer Kritik unbefragter Vorstellungen, die häufig als etwas Gegebenes angesehen werden: das Zusammenleben, die Gemeinschaft, die Gesellschaft. Das Zusammenleben ist keine ontologische Gegebenheit. Die Gemeinschaften, die wir mit den anderen bilden, sind keine faktischen Gegebenheiten. Es sind Operationen der Macht, der Kräfte der Inklusion und der Exklusion, die ihre Existenz ausmachen und sie vorzeichnen. Die Frage nach der Politik darf sich nicht auf die Analyse der Organisationsweisen des »Gemeinwesens« beschränken. Sie muß sich auf das Gemeinwesen selbst richten, auf die Weisen der kollektiven »Zugehörigkeit« – und damit auf das Recht, dieser oder jener Vereinigung beizutreten. Inwieweit und bis zu welchem Grad wäre es möglich, nicht mehr dazuzugehören? Und wie? Mit wem akzeptiere ich es, eine Vereinigung zu bilden? Solange diese Fragen nicht gestellt werden, solange man sich mit dem, worum es in ihnen geht, nicht auseinandersetzt, schlägt man auch nicht wirklich eine radikale Kritik der Gewalt des Staats und des Rechtsstaats in seiner Positivität vor.

---

36 Ebd., S. 272f.

3
Der Staatsbürgerschaft entkommen

Die Frage der eigenen Zugehörigkeit politisieren und sich das Recht zur Flucht nehmen; eine Form der Anonymität unterstützen, die dem Subjekt die Möglichkeit gibt zu handeln, ohne identifizierbar zu sein: diese Handlungsweisen stellen nicht nur partielle Neuerungen dar. Sie erweitern nicht einfach die verfügbare Palette der Formen des Widerstands und die Anzahl der Repertoires der kollektiven Mobilisierung, die jedem von uns offenstehen und mit denen wir einen Kompromiß eingehen müssen. Die Modalitäten der Revolte begründen ganz im Gegenteil einen Bruch mit Bezug auf das zeitgenössische Dispositiv der Politik. Sie begünstigen die Entstehung von Subjektivitäten, die sich von vorgeschriebenen und etablierten Formen der Politik emanzipiert haben.

Die liberale Demokratie ist mit einer bestimmten Gestalt des Subjekts verknüpft, die die Art und Weise regelt, wie wir uns selbst vorstellen, und zwar ebenso in »normalen« Zeiten, im Alltagsleben, wie in den Augenblicken des Kampfes. Die Tatsache, in den Staat eingeschlossen zu sein, durch unsere Zugehörigkeit zum Staat hervorgebracht worden zu sein, fordert zu einer bestimmten Definition unserer selbst auf. Wie James C. Scott am Ende seines Buches *Zomia*[37] bemerkt, das die Beziehungen des Konflikts zwischen den Nomadenvölkern Südostasiens

---

37 James C. Scott, *Zomia ou l'Art de n'être pas gouverné*, Paris, Seuil, 2013.

und dem Staat untersucht, hat die Logik des Staats und des Rechts eine Beziehung zur Logik des Eigennamens, der Unterschrift und der Identität. Die Aufzwingung einer politischen Souveränität gegenüber den Subjekten und die Auffassung dieser Subjekte als Rechtssubjekte, das heißt als Subjekte, die einer Rechtsordnung unterstehen, vollziehen sich mittels der Tatsache, daß man ihnen (sowie der Umgebung, in der sie sich entwickeln) stabile, feste und wiedererkennbare Identitäten aufnötigt: »Die ersten Anstrengungen der Staatsbildung scheinen vor allem darin bestanden zu haben, die bis dahin ›flüssigen‹ oder privaten Elemente mit einem Namen zu benennen: Dörfer, Landkreise, Abstammungslinien, Stämme, Häuptlinge, Familien, Felder. Wenn sie mit der Verwaltungsmacht des Staats verknüpft wird, kann die Macht der Benennung Entitäten schaffen, die es zuvor nicht gab. Für die Beamten der ›Han‹ zeichneten sich die Barbaren vor allem durch die Tatsache aus, daß sie keine Familiennamen verwendeten. Diese stabilen Namen waren bei den Han selbst die Folge eines viel früheren Prozesses der Staatsbildung. In diesem Sinne stellen die Einheiten der Identität und des Ortes, die in der Folge eine spezifische Genealogie und Geschichte annehmen, in ihrer stabilen und offiziellen Form eine ›Wirkung des Staats‹ dar, die an die Schrift gebunden ist.«[38]

Ich bin mir nicht sicher, ob ich diese Analytik der Politik und des Staats völlig teile. Sie beruht auf einer Reihe von etwas vereinfachten Gegensätzen, die dazu verleiten, sich die Macht als eine vereinheitlichende, ordnende, starre Instanz vorzustellen – wodurch man dazu neigt, die

38 Ebd., S. 302.

Analyse der Macht mit einer impliziten Erzählung zu verknüpfen, innerhalb deren es so etwas wie einen vorpolitischen Zustand gäbe, der sich durch Flüssigkeit, Vielfältigkeit, Unordnung, Inkohärenz usw. auszeichnet und den die Macht anschließend ordnen, klassifizieren, fixieren usw. würde.

Diese Art und Weise, die Frage nach der Macht anzugehen, die durch eine Art von Spontaneitätskult geprägt ist, ist bei weitem keine Besonderheit von James C. Scott. Man trifft sie überall im modernen Denken an. Das gilt beispielsweise für die Arbeiten des Anthropologen Pierre Clastres, auf die sich James C. Scott beruft, wo der Staat wie eine Form dargestellt wird, die Einheit, Unterteilungen, Hierarchien in die Gesellschaften einführt, die sich auf Gleichheit und Transversalität gründen: »Aber noch in der höchsten Erfahrung der Prophetie [...] zeigen uns die Wilden die fortwährende Anstrengung, die Häuptlinge daran zu hindern, Häuptlinge zu sein, die Ablehnung der Vereinheitlichung, die Arbeit der Beschwörung des Einen, den Staat.«[39]

Es ist frappierend festzustellen, daß auch Michel Foucault diese Art von Vorstellung verwendet, um nicht nur den Staat, sondern auch die Operationen der Macht im Allgemeinen zu denken. In *Überwachen und Strafen* beschreibt er die Disziplinierung als eine Technik der »Ordnung einer gegebenen Vielfalt«[40] und präsentiert den

39 Pierre Clastres, *La Société contre l'État*, Paris, Minuit, 1974, S. 186; dt. *Staatsfeinde*, übers. v. E. Moldenhauer, Frankfurt/M., Suhrkamp, 1976, S. 209.

40 Michel Foucault, *Surveiller et punir*, Paris, Gallimard, 1975, S. 175; dt.: *Überwachen und Strafen*, übers. v. W. Seitter, Frankfurt/M., Suhrkamp, 1979, S. 191.

zeitgenössischen Umgang mit den Illegalismen und die Funktionsweise der Bestrafung so, daß es ihr Zweck sei, »[d]as unübersichtliche Gewimmel von gelegentlichen und unvorhersehbaren rechtswidrigen Praktiken [...] durch eine relativ beschränkte und geschlossene Gruppe von Individuen [zu ersetzen], die sich einer stetigen Überwachung unterwerfen lassen – die ›Delinquenten‹.«[41]

Den Staat – oder die Macht – als eine Instanz darzustellen, die sich gegen eine ursprüngliche Vielheit wendet und dort Ordnung einführt, wo Zerstreuung herrschte, scheint mir die Systeme der Identifikation, der Stabilisierung, der Anordnung zu ignorieren, die dem Staat und dem Recht vorhergehen. Bekanntlich hat Gabriel Tarde in einer entscheidenden Polemik Emile Durkheim dessen Gegensatz zwischen »homogener Gesellschaft« und »heterogener Gesellschaft« vorgeworfen, indem er die Tatsache hervorhob, daß man diejenigen Gesellschaften als homogen wahrnimmt, deren innere Prinzipien der Differenzierung man nicht versteht.[42] Ebenso läßt man Prinzipien der Organisation und Vereinheitlichung beiseite, die bereits bei dem am Werk sind, was man für »vielfältig« und »wimmelnd« hält, wenn man die Macht als ein Dispositiv der Ordnung von Vielfalt beschreibt. Daher sollte man wohl nicht sagen, daß die Macht »vereinheitlicht« und das ist, was »Ordnung herstellt«. Aber das hindert nicht daran zu behaupten, daß das Recht bestimmte spezifische Prinzipien der Vereinheitlichung durchsetzt.

---

41 Ebd., S. 358.

42 Gabriel Tarde, *Monadologie et sociologie*, Paris, Les Empêcheurs de penser en rond, 1999; dt.: *Monadologie und Soziologie*, übers. v. J. Sarnes und M. Schillmeier, Frankfurt/M., Suhrkamp, 2009.

In einem Rechtsstaat geboren zu werden bedeutet, von Geburt an Operationen der Macht zu unterstehen, die sich auf uns beziehen und unsere Existenz bestimmen: Wir werden als Mitglieder der politischen Gemeinschaft konstituiert, als Wesen, die vom Recht und den Verboten, die es zum Ausdruck bringt, geschützt werden. Aber gleichzeitig gelten wir auch als verantwortliche Subjekte, die für ihre Handlungen einstehen müssen und von der Justizbehörde eventuell für diese Handlungen bestraft werden können: Das Rechtssubjekt ist eine juristische Technik, die es ermöglicht, eine Gesamtheit von Verhaltensweisen ein und demselben Subjekt zuzuschreiben, damit die Pflichten gegenüber den anderen und die Strafen einen Sinn haben können. Das ist der Sinn der berühmten Definition von Hans Kelsen: »Die sogenannte physische Person ist somit nicht ein Mensch, sondern die personifizierte Einheit der ein und denselben Menschen verpflichtenden und ermächtigenden Rechtsnormen. Es ist nicht eine natürliche Realität, sondern eine juristische, von der Rechtswissenschaft geschaffene Konstruktion [...].«[43] Ein Rechtssubjekt oder besser ein »Staatsbürger« zu sein bedeutet also, sich am Schnittpunkt dreier konstituierender Kräfte zu befinden: mit einer Nationalität ausgestattet zu sein; in einen gegebenen rechtlich-politischen Raum eingegliedert zu sein, der mit Rechten ausgestattet ist, die

43 Hans Kelsen, *Reine Rechtslehre*, 2. Aufl. 1960, Nachdruck, Wien, Verlag Österreich, 2000, S. 178. Siehe auch Marcela Iacub, *Penser les droits de la naissance* Paris, PUF, 2002, S. 94-97.

sich auf ihn beziehen; und schließlich der Logik der Zurechnung und der individuellen Verantwortung zu unterstehen.

Was mir nun am Vorgehen von Snowden, Assange und Manning und an den Kämpfen, die von den Mitgliedern von Anonymous oder von einer Organisation wie WikiLeaks geführt werden, ganz wichtig erscheint, ist, daß sich darin eine Bestrebung zeigt, sich als Subjekt zu konstituieren, indem man sich der Art und Weise entzieht, wie der Staat uns hervorbringt, und den Rahmenbedingungen, die auf uns übergreifen, wenn wir auf die Welt kommen. Es geht hier nicht nur darum, das aufzulösen, was man nach dem Vorbild dessen, was Didier Eribon die »sozialen Urteilssprüche«[44] nennt, die politisch-rechtlichen Urteilssprüche nennen könnte, sondern zu versuchen, Erfahrungen zu machen, derer wir durch die Tatsache beraubt werden, daß wir als Staatsbürger gestaltet sind. Mit Bezug auf die Ordnung der Staatsbürgerschaft und die Rechtsordnung verkörpern Snowden, Assange und Manning Gegensubjekte. Sie sind von dem Willen durchdrungen, sich eine bestimmte Anzahl von Dimensionen unserer Existenz wieder anzueignen. Wenn man sich als anonymes Subjekt konstituiert, dann fordert man eine Möglichkeit des Handelns, ohne identifiziert zu werden, ohne für das, was man getan hat, zur Verantwortung gezogen werden zu können. Mit anderen Worten, man versucht, der Art und Weise zu entkommen, wie die Macht uns an unsere Handlungen bindet. Die Praxis der Anonymität fügt sich in eine Bewegung ein, deren Ziel es ist, die Mechanismen der Unterwerfung wie wenig auch immer

44 Didier Eribon, *La Société comme verdict*, Paris, Fayard, 2013.

zu bremsen oder gar aufzuheben: Es geht darum, sich von der Ordnung des Gesetzes, von der Bindung an letzteres, von der Last der Verantwortung zu erlösen.

Was die Haltung der Flucht und des Aufruhrs angeht, so bringt sie einen spektakulären und öffentlichen Akt der Verweigerung der Inklusionsoperation durch die Rechtsordnung im Hinblick auf eine nationale Gemeinschaft zum Ausdruck. Das Ziel ist, den Begriff der Zugehörigkeit in Frage zu stellen, den Willen zu bezeugen, diese Frage wieder unter die eigene Kontrolle zu bringen, indem man die Legitimität des Rechts in Frage stellt, uns unter seiner Autorität gewaltsam in eine bestimmte Gemeinschaft einzuschließen.

Man sieht, daß das Handeln in beiden Fällen dasselbe Ziel verfolgt oder vielmehr von derselben Absicht gestützt wird: eine bestimmte Kontrolle über uns selbst wiederzuerlangen; Potentialitäten, Existenzweisen, Handlungsformen zu erproben, deren Erfahrung uns durch den Erwerb des Status eines Rechtssubjekts entzogen wird. Es geht nicht nur darum, die Rahmenbedingungen in Frage zu stellen, innerhalb derer sich das Subjekt gewöhnlich entwickelt, sondern stärker noch zu versuchen, einen Lebensstil außerhalb dieser Rahmenbedingungen zu entwerfen.

Auf Gedeih und Verderb

Die Heftigkeit der repressiven Reaktion der Staaten auf Snowden, Assange und Manning läßt sich daher durch die Infragestellung erklären, die diese Handlungen bewirken. Sie ist eine brutale, unerhörte Antwort auf das Maß der Destabilisierung, die der Einbruch dieser Gegensubjekte hervorruft. Um das Spiel der Kräfte zu erfassen, die hier am Werk sind, könnte man eine Analogie aus dem Bereich der Ästhetik bemühen: Ich denke an die Analysen Pierre Bourdieus mit Bezug auf die Revolution der Impressionisten und auf das Verhältnis zwischen Manet und der Akademie der schönen Künste.

Bei seiner Analyse der Revolution der Impressionisten schreibt Bourdieu, daß das, was sich im Fall von »Manet« und der »akademischen Kunst« gegenübersteht, zwei unterschiedliche Auffassungen der Funktion des Malers sind, zwei unterschiedliche Bestimmungen der künstlerischen Tätigkeit und folglich auch zwei mögliche und gegensätzliche Funktionsweisen des Gebiets der Kunst. Manet bringt nicht nur eine neue Art der Malerei hervor. Er läßt eine neue Subjektivierung entstehen, eine neue Weise der Subjektivierung seiner selbst als Maler: das Leben des Künstlers. Infolgedessen ist die impressionistische Revolution nicht nur eine ästhetische Revolution; sie ist auch und zugleich eine ethische, symbolische und politische Revolution: Es geht darum, »die Weltanschauung, die Hierarchie dessen, was wichtig ist, die Funktion des Malers völlig zu verändern. Der Maler hört auf, ein Meister zu sein, um Künstler zu werden; er ist sich selbst sein eigener Gewährsmann. Mit dem neuen System ist eines der Dinge, die es zu erfinden gilt, die neue Rolle des Malers als einer Persönlichkeit, die eine außergewöhnliche Biografie besitzt, die sich gänzlich für ihr Werk einsetzt, die als einzigartige Person Gegenstand von Verherrlichungen ist.«[45]

---

45 Pierre Bourdieu, »La révolution impressioniste«, *Noroit*, Nr. 303, September-Oktober 1987.

Manet und die Akademie sind miteinander unvereinbar. Der Autor von *Das Frühstück im Grünen* läßt eine Seinsweise erstehen, die das System der schönen Künste in Frage stellt: »Der Kampf, den Manet beginnt, ist ein Kampf auf Gedeih und Verderb. Wenn der Häresiarch gewinnt, wenn es ihm gelingt, den Glauben an den Wert dessen, was er tut und ist, durchzusetzen, dann stürzt das gesamte akademische System in sich zusammen (und das ist auch geschehen: Die Kurse der akademischen Malerei sind im Zeitraum nur weniger Jahre vom Gipfel auf Null gefallen): Nichts bleibt verschont. Manet hat den Angriff ins eigentliche Zentrum der akademischen Kunst getragen, so daß es sozusagen um die Alternative ging: er oder sie.«[46]

Ebenso geht der Angriff, den Snowden, Assange und Manning führen, ins Zentrum des rechtlich-politischen Systems: Sie lassen einen Stil des politischen Lebens entstehen, der die Dispositive in Frage stellt, die die gewöhnliche Funktionsweise der heutigen Demokratien regeln. Aus diesem Grund scheint alles die Vermutung zu bestätigen, daß ihre nachdrückliche Verfolgung am Ende vielleicht weniger den Zweck hat, die »Delikte« zu bestrafen, die sie angeblich begangen haben, als sie selbst als verantwortliche Rechtssubjekte neu zu erschaffen, sie erneut in die Rechtsordnung einzugliedern, die sie aufzulösen versuchen: Du bist ein Verräter, du bist ein Dieb, du gehörst dem Staat, du mußt deiner Nation treu sein, du kannst nicht weggehen. Kurz: Deine Handlung hat es gar nicht gegeben. Du bist immer noch das, was du vorgibst, nicht mehr zu sein: ein verantwortlicher Staatsbürger.

46 Ebd.

Zukunft

In der historischen Literatur und der kritischen Theorie sind viele Werke und Überlegungen den Traditionen gewidmet worden, die das Gesetz herausgefordert haben, den Gestalten der Auflehnung gegen den Staat und den Souverän. Man denke beispielsweise an Eric Hobsbawms Banditen oder an Christopher Hills Wegelagerer, an Daniel Heller-Roazens Piraten sowie an Jaques Derridas Schurken – und man könnte dieser Liste sogar noch die Gestalt der *Antigone* hinzufügen, wie sie von Hegel analysiert wird.[47] Aber ich glaube nicht, daß die Behauptung übertrieben wäre, daß die Gestalten von Snowden, Assange und Manning einzigartig sind, daß ihre Kämpfe, die mit ihrem Vorgehen verbunden sind, eine Besonderheit aufweisen – und daß wir es in diesem Sinne wirklich mit etwas Neuem zu tun haben, und nicht mit der Wiederaufnahme einer alten Tradition.

Wir stellen nämlich fest, daß sich bei den Schurken, bei den Banditen, bei den Piraten usw. die Konfrontation mit dem Staat fast immer im Namen der Vergangenheit vollzieht: Es geht darum, gegen eine Rechtsordnung zu kämpfen, die im Begriff ist, sich durchzusetzen, und zwar im Namen einer traditionellen und gewohnten Ordnung, die die neuen Gesetze in Gefahr bringen. Es geht darum, Räume einzurichten, damit alte Lebensformen in der Gegenwart überdauern können.

---

47 Christopher Hill, *Liberty Against the Law*, London, Penguin, 1998; Daniel Heller-Roazen, *Der Feind aller: der Pirat und das Recht*, übers. v. H. Brühmann, Frankfurt/M., Fischer, 2010.

Bei Snowden, Assange oder Manning haben wir es nun jedoch keineswegs mit der Herausforderung des Gesetzes zu tun, die sich im Namen von zuvor existierenden Bräuchen vollzöge. Es geht darum, gegen die rechtliche und politische Ordnung, wie sie faktisch funktioniert, neue Möglichkeiten ins Spiel zu bringen; es geht darum, neue Forderungen zu formulieren, neue und noch nie dagewesene Praktiken zum Leben zu erwecken. Wenn man sich eine anonyme Subjektivierung vorstellt, wenn man die Zugehörigkeit zur Nation politisiert, dann macht man nicht jegliche Rechtsordnung unmöglich. Vielmehr fordert man die Konstruktion eines Rechtssystems, das demokratischer und weniger gewalttätig ist, das in einer Bewegung des praktischen und theoretischen Abbaus der Form des Staats, der Form der Nation und der Form des Staatsbürgers verankert wäre.

4
Die Entnationalisierung der Geister

Es wird vielleicht merkwürdig oder erstaunlich erscheinen, daß im ganzen Verlauf dieser Arbeit sehr wenig vom Internet die Rede war: Tatsächlich habe ich die Ziele des Vorgehens von Snowden, Manning, Assange, die Projekte der Mitglieder von Anonymous oder WikiLeaks, die Kämpfe für den Schutz bürgerlicher Freiheiten gegen die Massenüberwachung usw. behandelt, ohne den neuen Technologien und dem Web spezifische Analysen zu widmen. Das schien mir für meinen Zweck auch nicht notwendig zu sein.

Dennoch glaube ich, daß man am Ende nicht auf eine Reflexion über diese Themen verzichten kann. Genauer möchte ich versuchen, ein Problem aufzuwerfen, das man folgendermaßen formulieren könnte: Ist es ein Zufall, daß sich die Neuerungen, die ich analysiert habe, um das Internet herum und innerhalb eines Umfelds vollzogen haben, das mit der Handhabung dieser technischen Werkzeuge betraut ist? Ist es möglich, eine Beziehung zwischen dem Internet und der Produktion neuer gesellschaftlicher und politischer Subjektivitäten herzustellen?

Um dieses Feld von Problemen zu erörtern, möchte ich von einer hinreichend bekannten Feststellung ausgehen, um ihr eine andere Interpretation zu geben als die, die man ihr gewöhnlich gibt: Wenn man die Biografien von Personen liest, die sich an Kämpfen im Zeitalter des Internets beteiligen, stellt man fest, daß sie sehr häufig als einzelgängerische, skurrile, isolierte Wesen beschrieben werden. Ihre Jugend wird so beschrieben, daß sie von einer schwachen Integration in Freundesgruppen, durch eine Neigung zur Verschlossenheit geprägt war. Die Hacker, die Mitglieder von Anonymous, die *Geeks* (Computerfreaks) werden als »wenig gesellige« Personen geschildert, die nur mit wenigen anderen Umgang haben und lange zu Hause vor ihrem Computer sitzen.

Porträts dieser Art wurden von Snowden und Manning gezeichnet. In seinem Buch über Snowden, dessen psychische Investition in das Internet er beschreibt, hebt Greenwald hervor, bis zu welchem Grad seine geistige Welt sich innerhalb der virtuellen Welt und im Kontakt mit ihr entwickelt hat. Die folgende Passage illustriert sehr gut den Typ von Subjektivität, der sich mit der Praxis des Internets verknüpft, und die Art und Weise, wie diese besondere Existenzmodi erzeugt: »Eine ebenso zentrale Rolle für seine Weltsicht spielte das Internet mit seinen einzigartigen Möglichkeiten. Wie für viele seiner Generation ist das Internet auch für ihn kein isoliertes Hilfsmittel, mit dem man unterschiedliche Aufgaben durchführt. Es ist die Welt, in der sich sein Geist und seine Persönlichkeit entwickelte – ein eigener Raum, der Freiheit und Potenzial für geistiges Wachstum bietet, wo es ungeahnte Dinge zu entdecken gibt.« Greenwald fährt fort: »Snowdens Meinung nach waren die einzigartigen Möglichkeiten des Internets von unschätzbarem Wert und mussten um jeden Preis erhalten werden. Als Teenager habe er das Internet genutzt, um sich neue Gedankenwelten zu erschließen und sich mit Menschen auszutauschen, die weit weg lebten, einen völlig anderen Hintergrund hatten und die er sonst nie kennengelernt hätte.« Er schließt mit einem Zitat von Snowden: »Im Grunde ermöglichte mir das Internet, Freiheit zu erfahren und mein Potenzial als Mensch auszuloten.«[48]

Mir scheint, daß man der hier von Greenwald und Snowden entwickelten Idee ihre ganze Kraft zugestehen muß, der zufolge das Internet ein »eigener Raum« ist, dessen Besonderheit darin besteht, daß er Menschen die Möglichkeit bietet, »*sich neue Gedankenwelten zu erschließen*« und »*sich mit Menschen auszutauschen, die weit weg lebten und einen völlig anderen Hintergrund hatten*«. Es gibt zwar immer etwas Naives und Utopisches an solchen Überlegungen. Aber es deutet doch auf etwas hin, dessen Erfassung wichtig ist.

Wenn man das Internet als einen Ort der »Erschließung«, einen Ort der »Begegnung«, einen Ort des »Austauschs« beschreibt, dann bedeutet das eigentlich, daß man eine Potentialität zur Kenntnis nimmt, die dieser Technologie innewohnt: Dieser virtuelle Raum kann (ich beharre auf der *Potentialität*) einen Raum für eine alternative Sozialisierung gegenüber den gewöhnlichen Gemeinschaften verkörpern und aufgrund dessen dazu beitragen, das Verhältnis der Menschen zur »Sozialisierung« und »Zugehörigkeit« neu zu definieren.

Grenzen

Wenn man die Genese des Subjekts, die Bildung der Subjektivität analysiert, betrifft eine der wesentlichen Dimensionen, auf die man sich konzentrieren muß, das Problem der Grenzen, des psychischen Raums, in dem man sich

48 Glenn Greenwald, *Die globale Überwachung*, S. 73 f.

bestimmt. Was die Soziologen »Sozialisation« nennen, spielt sich nämlich in äußerst kodifizierten Kreisen ab, die sich dem Subjekt aufgrund seines Geburtsortes und der Zeit seiner Geburt aufdrängen. Die Schule, das Viertel, die Gesellschaftsschicht, die Familie und natürlich auch die Nation stellen offensichtliche Rahmenbedingungen für das Alltagsleben dar. Sie bilden die objektiven Strukturen der Erfahrung, die meinen geistigen Raum prägen – sie verkörpern das, was für mich aktuell ist, was mich angeht, gegenüber dem ich mich definiere usw. Die Sozialisation ist ein Prozeß, der mich dem physischen Raum unterwirft, in dem ich geboren bin – der, um die Ausdrücke von Bourdieu zu übernehmen, die objektiven Strukturen, in denen ich gefangen bin, durch Mechanismen der Verinnerlichung in subjektive Strukturen verwandelt.

Die Frage, die man sich nun stellen könnte, ist, ob das Internet nicht in der Lage ist, einen Bruch im Hinblick auf den Einfluß zu vollziehen, den die Rahmenbedingungen der Sozialisation, die zugleich selbstverständlich und aufgezwungen sind, auf uns ausüben. (Ich sage *in der Lage ist*, denn das hängt natürlich von der Art und Weise seines Gebrauchs ab, der mit der Gesellschaftsschicht, dem Alter, dem Geschlecht usw. variiert). Der Umgang mit dem Internet könnte tatsächlich der Ausgangspunkt von Lehrjahren sein, in denen man sich anders im Raum orientiert, in denen man seinen Ort in diesem Raum anders bestimmt. Das Internet stellt im Verhältnis zur Topografie, die sich mir aufdrängt, einen alternativen Raum der Sozialisation dar, einen Raum, der sich dem a priori gegebenen Umkreis der zu knüpfenden Bindungen und der zu besuchenden Orte des Lebens entzieht. Um politische, musikalische, sexuelle, spielerische usw. Interessen herum bilden sich Gesprächs- und Streitgemeinschaften, in denen die einzelnen sich näher fühlen können und wo sie mehr Dinge teilen können als mit denjenigen, mit denen sie aufgrund des physischen Raums *notgedrungen* Umgang haben: Familie, Freunde, Kollegen, Kameraden usw.

Das Internet würde dem Subjekt so die Möglichkeit geben, etwas zu praktizieren, was man als eine *gewählte* Sozialisation bezeichnen könnte – und die Einsamkeit oder Zurückgezogenheit mit Bezug auf Familie und Schule, die man bei Personen feststellt, die stark im Internet engagiert sind, könnten am Ende nichts weiter als eine Folge der Tatsache sein, daß, nachdem man einmal eine Welt von gewollten und gewünschten Zugehörigkeiten entdeckt hat, der Zwangscharakter des herkömmlichen Zusammenlebens und der traditionellen Sozialisation ganz einfach als unerträglich erscheint. Das führt dazu, daß man sich aus *dieser* Welt, von *diesem* Typ der Zugehörigkeit zurückzieht, um sich auf andere Kreise einzulassen.

Das Internet wäre daher für eine Neubestimmung folgender Fragen relevant: der Frage nach Nähe und Ferne, nach der Grenze, nach dem Umkreis *welcher Personen* man sich nahe und *welcher Personen* man sich fern fühlt. Es eröffnet den Weg für die Fähigkeit, sich von erzwungenen Zugehörigkeiten zu entfernen, sich von ihnen zu lösen, um sich andere zu verschaffen, mit Bezug auf sie zu wählen und folglich keine Verpflichtung ihnen gegenüber mehr zu empfinden, weil man sich in ihnen allmählich nicht mehr wiedererkennt. Das Verhältnis, das zwischen dem Internet und der Bereitschaft zur Flucht, zum »Verrat« bestehen könnte, würde sich dann durch eine Beziehung zwischen dem Internet und einem Prozeß der Auflösung traditioneller Loyalitäten erklären, begleitet von einer Bereitschaft, das Recht zu fordern, die eigenen Welten zu wählen oder sie zu wechseln.

Vorstellungsvermögen

In einem klassischen Werk hat der Historiker Benedict Anderson die Tatsache hervorgehoben, daß es »jenseits der ursprünglichen Dörfer, wo die Begegnung von Angesicht zu Angesicht (immer noch ...) die Regel ist, nur vorgestellte Gemeinschaften gibt.«[49] Die Grenzen einer Gruppe, die verschiedenen Arten zu denken, mit wem wir eine Gemeinschaft bilden und wem wir im Gegensatz dazu fremd sind, gehen immer auf eine imaginäre oder phantasmatische Konstruktion zurück, auf ein Spiel der Vorstellungen. Auf diese Weise knüpfte Anderson die Ursprünge des nationalen Bewußtseins, das heißt sowohl die Geburt der Idee der Nation als auch die symbolische Konstruktion ihrer Begrenzung, an das Erscheinen einer neuen Technik: des Buchdrucks. Seiner Ansicht nach hat der Buchdruck zugleich die Entstehung von Nationalsprachen gegen die Dominanz des Latein, die Verfestigung dieser Sprachen und vor allem die Zirkulation von Schriften in einem begrenzten Rahmen ermöglicht, in dem sich dann so etwas wie eine öffentliche Sphäre und eine gemeinsame Aktualität herausgebildet hat.[50] Und wenn sich durch das Internet heute eine Entnationalisierung der

---

49 Benedict Anderson, *L'Imaginaire national*, Paris, La Découverte, 1996, S. 20.
50 Ebd., S. 57.

Geister und der Vorstellungswelten vollzöge? Wenn diese Technik dem Subjekt ermöglichen würde, sich einen größeren Raum der Zugehörigkeit und Bestimmung zu verschaffen, neue Weisen zu erfinden, sich selbst zu entwerfen und die Kollektive zu denken, zu denen es gehört? Welche Form könnte die Politik annehmen, die sich aus der Erfindung dieser neuen Modi der Subjektivierung ergäbe?

Schluß

In der demokratischen Tradition Amerikas symbolisiert die Formel »Wir, das Volk« die klassische Konzeption der politischen Tätigkeit. Diese Verkündigung, die in der Verfassung der Vereinigten Staaten enthalten ist, wird regelmäßig und wie in einem Ritual von den Protestbewegungen aufgenommen – beispielsweise in jüngster Zeit von der Occupy-Bewegung.

Wenn man öffentlich bei einer Versammlung »Wir, das Volk« vorbringt, dann behauptet man sich als das Volk, das Inhaber der demokratischen Legitimität ist; man macht die Souveränität des Volks geltend und fordert das Recht zu sprechen und sich gegen willkürliche Institutionen und negative Mächte zu regieren – oder sogar gegen die Regierung, wenn diese Maßnahmen ergreift, die nicht auf die Zustimmung des Volkes treffen. Diese Formel verknüpft also die politische und demokratische Tätigkeit mit der performativen Bildung einer Gemeinschaft als politischer Gemeinschaft. In der vollkommenen Kontinuität aller Theorien des Gesellschaftsvertrags geht es hier darum, eine gegebene Gemeinschaft versammelter Individuen – auf einem Platz, in einer Nation oder einem Staat – in eine *politische* Gemeinschaft zu verwandeln, die als Ort der demokratischen Legitimität auftritt und deren Ausübung fordert.

Nun scheint es mir so zu sein, daß man die neue politische Subjektivität, die vielleicht aus dem Internet und seinen technischen Möglichkeiten entsteht, verstehen kann, wenn man sich anschaut, auf welche Weise eine Gruppe wie die Mitglieder von Anonymous sich den Prozeß der Gemeinschaftsbildung vorstellt, zu dem sie beiträgt. Jedes Video oder jede Aktion von Anonymous beginnt nämlich mit einer rituellen Formel. Aber das »Wir, das Volk« ersetzen sie durch: »Hallo, Bürger der Welt, wir sind Anonymous.«

Der Aufruf: »Hallo, Bürger der Welt, wir sind Anonymous« richtet sich an *jedermann*. Die Gruppe, die sich konstituieren soll, ist nicht schon im voraus durch *nationale* Grenzen umschrieben. Man weiß nicht schon a priori, wer daran teilnehmen oder wer sich darin wiedererkennen wird. Folglich ist die Politik keine Gebärde mehr, durch die ein im voraus gegebenes Kollektiv sich als politische Gemeinschaft konstituiert. Es handelt sich um einen Aufruf, der sowohl in seinem Ursprung (man weiß ja nicht, wer »wir sind Anonymous« sagt) als auch in seinem Ziel unbestimmt ist und der darauf abzielt, eine neue Gruppe herzustellen, das heißt die Einzelpersonen den etablierten Weisen der Zugehörigkeit und Loyalität, dem gegebenen »wir« zu entreißen, um sie in einen neuen Typ von Kampfgemeinschaft zu überführen. Und im Grunde bilden die politischen Entitäten, die hier produziert werden, nie ein »wir«. Sie haben keinen Namen: Sie nehmen die Form einer einstweiligen Verbindung von verstreuten und vielfältigen Individuen an, die zu einem bestimmten Zeitpunkt aus einem bestimmten Grund beschließen, sich zu verbünden. Die Entnationalisierung der Geister führt also nicht zur Bildung von so etwas wie einer Weltgemeinschaft. Ganz im Gegenteil ist sie ein Sonderfall eines Prozesses der Aufhebung der Unterwerfung mit Bezug auf erzwungene Identifikationen, um die Fähigkeit freizusetzen, sich neue, plurale, heterogene und flüchtige Gemeinschaften vorzustellen – und folglich auch zu realisieren.

Als geistigen Horizont *die Welt* zu haben, noch nie dagewesene selbstgewählte Gemeinschaften entstehen zu lassen und sich von allen aufgezwungenen Zugehörigkeiten zu lösen, indem man die Eigenart unserer Verknüpfung mit dem Raum und unserer Beziehungen zu den anderen politisiert: Das könnten die Achsen der Kunst der Revolte sein, die heute entsteht und an der sich diejenigen beteiligen, denen es gelingt, sich als »Weltbürger« zu definieren.